그림을 짓다

― 서정민 에세이 화집

그림을 짓다
— 서정민 에세이 화집

2023년 8월 14일 처음 펴냄

지은이 | 서정민
펴낸이 | 김영호
펴낸곳 | 도서출판 동연
등   록 | 제1-1383호(1992. 6. 12.)
주   소 | 서울시 마포구 월드컵로 163-3, 2층
전   화 | (02) 335-2630
팩   스 | (02) 335-2640
이메일 | yh4321@gmail.com
페이스북 | facebook.com/dypress/
인스타그램 | instagram.com/dongyeon_press

ISBN 978-89-6447-928-5 03040

서 정 민 에 세 이 화 집

그림을 짓다

글·그림 서정민

동연

머리글

나는 화가가 아니다.

전문적인 그림 공부를 하지 않았고, 물론 그림을 그려 생활하지 않았으며,

지금도 그렇지 않은 아마추어이다.

한국과 일본 두 나라에서 연이어 종교와 역사와 문화를 가르치는 대학 교수이며 인문학자이다.

어린 시절부터 그림 보는 것은 좋아했고 그리고도 싶었다.

자신의 분야, 즉 그림과는 다른 길의 삶과 집중할 시간의 제약 때문에 그림 그리기를 실행할 엄두를 못 내었다.

수년 전 도쿄 집에서 그림을 그리기 시작했다.

습작이라고 할까, 그리고 싶은 마음을 마침내 실행하며 그림을 그렸다.

그와 함께 미술사를 읽고, 그 흐름의 그림들은 유심히 지켜보았다.

그리고 자신이 좋아하는 특정 시대, 특정 화풍에 더욱 설레며,

흉내 내기부터 시작했다.

아무런 지침 없이, 서툴기 그지없이, 어떤 기법이나 이론도 없이 다만 그림에 대한 열정만을 작은 캔버스에 옮겼다.

재료는 전적으로 아크릴 물감을 사용했고,

몸이 좀 불편한 내가 다루기 쉬운 사이즈인 5호, 혹은 6호 캔버스를 주로 사용했다.

수년 전 도쿄에서부터 시작한 그림은 재직 대학의 연구 안식년을 맞아 머물던 2022년 서울에서까지, 모두 천여 점을 연습했다.

글은 본래 써왔다.

전문 분야의 연구자이며 교수이니 오랫동안 학술 논문과 전문 연구서를 쓰고 펴냈다.

그밖에 이런저런 기회로 에세이도 쓰고, 한국과 일본의 신문 잡지에 기고문을 써야 할 기회가 많았다. 그래서 칼럼 형태의 글도 써왔다.

특히 지난 수년 간은 일본 「아사히신문」의 칼럼 전문 저널인 〈논좌〉의 칼럼니스트로 활동했다.

일본과 한국에서 칼럼집, 에세이집도 몇 권씩 간행했다.

그밖에 일본의 대학으로 적을 옮기면서 페이스북과 개인 블로그를 시작했고,

그동안 10년 넘게 편하게 쓴 글은 원고지로 수만 매에 이른다.

2022년 서울에 1년 체재하면서는 늘 쓰던 에세이와 계속 연습 중인 그림을 더욱 적극적으로 연결시켰다. 그림을 그리고 난 후, 그림을 그리며 든 생각, 그림을 그리는 마음, 오랜 기억, 회상, 사고의 일부를 짧은 글로 써서 붙였다.

그리고 그림과 산문을 페이스북과 블로그에 올려 여러 친구와 함께 보았다.

그림을 함께 보는 친구들은 작은 전시회라도 열자고 했다.

그러나 나는 계속 나의 그림은 연습 중이고, 아무리 해도 아마추어이며, 모든 그림은 혼자의 습작에 지니지 않는다고 생각했다. 그 어떤 형태의 전시회도 가당치 않고, 부끄러운 일이라고 여겼다.

그렇지만 책을 내는 일, 그 중에 에세이집을 내는 일은 한국에서도 일본에서도 경험이 있고, 나에게 익숙하다.

그리고 사실 지난 몇 차례 일본과 한국에서 낸 에세이집과 칼럼집에는 책의 겉표지와 속표지에 그림 몇 점이 들어가기도 했고, 그중 칼럼집 한 권에는 본문 중에 여러 점의 그림을 포함시킨 경험도 있다.

출판인 동연의 김영호 대표는 내 글과 아마추어인 내 그림을 좋아한다.

여러 사람이 그림을 볼 수 있는 전시회를 열지 않는다면, 그림과 글을 이어 붙인 에세이 화집을 내자, 그림이 있는 산문집을 내자고 격려했다.

고민과 망설임 끝에 늘 내던 책을 펴내는 심정으로 실행하기로 마음을 먹었다.

그런데 이 책은 그림을 전문으로 인쇄한 화집도 아니고, 전시회를 하기 위한 "도록"도 아니다.

더구나 원본 그림을 전문적인 방식으로 촬영한 사진을 사용한 인쇄도 아니다.

그림을 그린 후 내 스스로가 페이스북과 블로그에 올리기 위해 태블릿PC로 찍은 화상 그대로이다.

글은 늘 쓰고 펴내던 것이라 하더라도, 그림은 물론 그 화상, 화면마저도 나의 아마추어 촬영에 의한 것이다.

이번 그림과 산문집은 2022년 한 해 동안 서울에서 그리고 쓴 그림과 산문을 기본으로 했지만, 그 이전과 다시 도쿄로 돌아온 이후에 그린 그림도 포함하여 에필로그의 삽화 그림까지 모두 143점의 그림과 산문을 골랐다. 그러나 전체적으로 보면 2022년 서울에 1년 체류하며 그린 그림이 가장 많이 포함되어 있다.

이 책은 그림은 쓰고 문장은 그린다는 기분으로 만들었다. 역설적일지는 모르지만 나는 아직 자신 있게 그림을 그린다고는 말하지 못할 듯하다. 그러나 그림을 그리기 전, 혹은 그린 그림을 보면서, 글을 써서 덧붙일 때는 오히려 문장을 그림 그리듯 쓰곤 했다.

그래서 이 에세이 화집은 그 중간의 이미지, 즉 그림을 짓는다는 어설프면서도 진솔한 느낌을 제목으로 삼았다.

물론 나는 앞으로도 그림을 그릴 것이다.

전문적으로 그림을 그리는 화가는 영원히 아닐 지 모르지만,

그립고 슬프고, 또한 기쁘고 찬란한 회상과 감동을 그림으로도 옮겨보려고 애를 쓸 것이다. 그리고 늘 쓰던 대로 글을 또한 더불어 쓸 것이다.

우선 내 그림을 세상에 펴내어도 괜찮을지, 내 그림과 글을 이렇게 이어 놓아도 좋을지 망설이던 차에, 동연의 김영호 대표는 나에게 용기와 힘을 실어 주었다.

이제 독자들의 따뜻하고 너그러운 시선과 마음을 구한다.

2023년 여름
일본 메이지가쿠인대학 연구실에서
서정민

머리글

1장

기억, 봄날 같았던 시절과 사람들의 향수(鄕愁)

한옥 앞뜰 홍매화

봄이 와도 봄은 오지 않는다. 봄은 활력이나 활력은 보이지 않는다. 연이어 봄꽃, 그중에서도 매화와 동백을 거듭 그린다. 지조와 소신과 절개와 당당한 기개가 모두 사라져 가는 시대의 아픔을 처연한 마음으로 바라본다. 한옥 앞뜰에 변함없이 절개와 기개로 피어난 붉은 매화가 조금이라도 마음의 위안, 새로운 다짐이 되었으면 한다.

5F 캔버스 보드, 아크릴.

고향의 봄

꽃 대궐 안에 있다.

나의 살던 고향은 꽃피는 산골
복숭아꽃 살구꽃 아기 진달래
울긋불긋 꽃대궐 차린 동네
그 속에서 놀던 때가 그립습니다.

지금까지 대개 꽃 바깥에서 꽃을 바라보고 꽃 그림을 그렸던 것 같
다. 오늘은 짐짓 꽃 대궐 안으로 들어가 꽃을 그리고 싶었다. 내가
꽃이고 꽃이 나인, 안과 밖이 모두 꽃인 그런 그림이고 싶었다.

5호F 캔버스 보드, 아크릴.

할머니 장독대

그림의 주제가 주로 나의 회상이 많다. 오늘도 갑자기 태풍 영향권의 흐린 하늘가에 외할머니 기억이 진하다. 우리 외할머니께서 가장 중시하던 장소 중 하나가 장독대였다. 그곳은 그토록 까다롭고 병약한 손자를 위해 어떻게 해서든지 무엇이라도 먹일 수 있는 밑반찬의 보고라서 더했다. 우리 외할머니는 경상도식 음식 전반에 대한 맛과 기품을 지닌 분이기는 하나, 한 가지는 늘 자신 없어 하셨다. 즉, 대개 봄에 담그는 간장과 된장 담그기이다. 할머니 말에 의하면 그 장 담그는 능력은 타고나는 것으로 하늘이 허락한 감각이 있어야 한다는 것이다. 당신은 아무리 해도 장맛을 내는 데는 자신이 없다는 것이다. 그런데 당시 외할머니와는 달리 친할머니께서는 장 담그는 솜씨가 그야말로 명인이라 할 정도로 타고나셨다는 것이다. 햇살 좋은 봄날, 두 사돈, 나의 두 분 할머니가 우리 시골집 장독대에서 오순도순 장 담그는 모습을 나는 자주 보았고, 지금도 그 기억이 선명하다. 도회로 이사한 후 늘 외할머니는 시골집 장독대를 그리워했다. "묵은장을 이웃에 다 주지 못하고 왔는데 이를 어쩌나." "큰 독에 장아찌도 잘 익었을 터인데, 누구라도 가져가 먹으면 좋을 텐데." "아끼는 항아리는 자주 닦아 주어야 윤기가 날 텐데." "잡초가 뒤덮었겠다." 어쩌면 좋을까 노래를 삼던 할머니의 푸념이 생생히 회상된다. 할머니가 버려두고 온 시골집 장독대 기억을 그림으로 옮겼다.

5호F 캔버스 보드, 아크릴.

화담숲 솟대, 외할머니 회상 하나

손자와 함께하는 가족 여행에서 곤지암 리조트에 머물며 인근 화담숲에 갔다. 상큼한 초록 경치 중, 담장 안팎에 높이 세워 둔 솟대들이 눈에 띈다. 어릴 적 나에게 가장 큰 영향을 끼친 분은 한시도 떨어져 지낸 적이 없는 외할머니이다. 특히 나의 종교학 공부, 종교적 감수성은 거의 할머니에게서 왔다. 외할머니는 시대의 수난과 더불어 개인적으로 파란만장한 인생을 살아간 전형적인 한국 여인이다. 우리 할머니는 유교 집안의 딸로 태어났으나 모든 신들을 가슴에 품었다. 어느 종교의 신심을 위해 결코 어떤 신들도 버리거나 도외시하지 않았다. 신과 종교와 신앙, 정성의 총합이 우리 할머니였다. 나는 명색이 종교를 공부한 사람이지만, 우리 할머니의 신앙, 신심, 그 종교를 종교다원주의니, 민간신앙이니, 잡탕 종교라고 감히 비판하지 않는다. 또렷한 기억이 있다. 병원 치료가 조금 쉴 때면 시골집에 머물렀다. 할머니는 꽤 큰 나를 등에 업고 이웃에 자주 다니셨다. 어느 날 할머니의 오랜 지인이 산다는 더 먼 시골로 나들이를 하였다. 낯선 마을 어귀에 내렸다. 큰 성황당 나무가 있었다. 나무 그늘에 나를 앉힌 후 상당히 오랜 시간 성황당에 기도하였다. 그리고 조금 더 마을 가까이 들어서자, 늦여름 푸른 하늘 가에 솟대가 세워져 있었다. 할머니는 다시 나를 길가 풀 섶 그늘에 앉힌 후, 다시 합장하고 고개를 숙였다. '기러기님'이라고 부르며, 나는 그날 난생처음 솟대를 올려다보았다. 나무로 만든 새, 아마 기러기 솟대였나보다. 할머니가 기러기님이라고 부르는 것이 재미있었던 기억이 난다. 화담숲에서 솟대 밑에 내달아 뛰어노는 손자를 보면서 외할머니 기억이 아스라하게 회상되었다. 화담숲 솟대를 그림으로 옮긴다.

5호F 캔버스 보드, 아크릴.

한옥 중문 뜰 안

오늘도 외할머니가 무척 그립다. 할머니는 나의 병약한 몸을 보하는 것이라면 어떻게든 해 먹여야 했다. 나를 위해 할머니는 집에서는 물론, 병원 생활 중에도 작든 크든 할머니만의 장독대를 만들었다. 조금 덜 맵고, 잘 익힌 김치류, 오래 묵은 장 종류와 장아찌, 내가 자주 입맛을 다시던 온갖 젓갈류, 그 밖의 특별한 할머니만의 비장의 반찬이 대개 그 할머니 장독대 언저리에 보관되었다. 외할머니의 이야기 상대 일 번도 바로 나였다. 외할머니의 인생 이야기가 큰 주제였다. 경상도의 몰락한 양반의 딸이 평양의 개화 인사와 결혼한 이야기부터 1남 1녀를 둔 채 할아버지가 돌아가시고, 시댁에 두어야 했던 어린 아들과 이별한 채, 갓 난 딸만 데리고 다시 남쪽 고향으로 돌아온 일대기이다. 그 갓난 딸이 내 어머니이다. 우리 외할머니의 인생은 소설보다 더한 스토리이다. 내가 역사 공부를 시작한 원천에도 가깝다. 그 밖의 이야기들은 언제 다시 소설, 에세이처럼 써나갈지도 모르겠다. 그리고 할머니는 어린 나에게 신소설들, 즉 흥부전, 별주부전, 심청전, 심지어 춘향전과 옥단춘전까지 되풀이하여 읽어주었다. 당시 불교에 신실하던 할머니의 아침저녁 염불 외우기를 귀동냥한 나는 지금도 천수경을 비롯한 기본 불경을 거의 다 외우고 있다. 아침에 언뜻 외할머니 꿈을 꾸었다. 손자들과 지낸 떠들썩하고 흥이 나던 시간을 보내고, 다시 절간처럼 조용해진 서울 집에서 허허로운 밤잠에 할머니가 꿈에 보인 것이다. 나에게는 외할머니의 모습과 냄새와 그리움의 심벌인 한옥 장독을 또 그렸다. 중문 안, 뜰 안에 장독이 줄지어 선 풍경이다. 외할머니가 그립다. 이 할아버지가 자신의 외할머니를 이렇게 그리워하는 줄 내 손자들이 알까 모르겠다. 소소한 역사가 큰 역사이다.

5호F 캔버스 보드, 아크릴.

어머니

대개 오월이면 어머니를 더 생각한다. 그러나 나는 사시사철 항상 생각한다. 의식은 아닐지 몰라도 무의식 안에 늘 어머니가 있다. 딸들의 아비가 된 지도 수십 년, 거기에 이제 두 손주의 할아비가 되었으니 이제는 어머니를 가슴에서 놓을 때도 되지 않을까 하다가도 그 원초적인 마음이 어디 그렇게 되겠는가. 오랜만에 고국에서 좀 쉬며 지내니 헤어진 지 40년이 훌쩍 넘은 어머니 생각이 더욱 진하다. 그동안 손자들은 자주 그림으로 옮겼으나 내 손으로 그린 어머니 그림은 처음이 아닌가 한다. 어린 시절 나는 대개 이렇게 길을 나섰다. 얼마나 힘드셨을까. 뛰어다닐 나이, 적어도 손잡고 걸릴 나이의 나를 늘 이렇게 업고 다니셨다. 다 큰 아들을 업고 길을 나설 때, 숨이 가쁘고 힘도 드셨을 텐데 언제나 등에 업힌 나를 돌아보며 이야기를 해 주었다. 무엇이 그리 예쁜지 "우리 아들, 잘생겼다" "우리 아들, 똑똑하다" "우리 아들이 최고"라고 가쁜 숨을 몰아쉬면서도 노래를 불러주었다. 〈섬집 아기〉라는 동요와 〈따오기〉는 어머니 등에서 어머니에게 처음 배운 노래이다. 그리고 때로 내가 모르는 흘러간 옛 가요도 많이 부르셨는데 그래서인지 내게는 한국의 옛 가요가 아주 익숙하다. 그림을 그리되 어머니와 나의 얼굴, 표정은 희미하게 그렸다. 선명히 그려보았자 눈물로 눈이 흐려져 더욱 잘 안 보일 것 같아서이다. 어느 초여름 내 생일이 있는 무렵에 어머니 등에 업혀 나들이를 나가는 기억이다.

5F 캔버스 보드, 아크릴.

두 형제, 가을 나들이

바람이 차고, 나뭇잎은 흩날린다. 두 녀석이 가을 길을 나섰다. 바람
이 불자, 형이 동생의 앞섶 지퍼를 채워준다. 내 옛 기억이기도 하
고, 언젠가 사촌 간이 되는 손주 두 녀석의 미래이기도 하다. 가을바
람은 차지만, 형제는 따뜻하다. 오랜만의 그림, 붓 길은 흔들려도 마
음은 편하다.

5F 캔버스 보드, 아크릴.

녹슨 기관차

철원 부근이었다. 역사 유적 답사를 자주 다닐 때, 바라본 풍경이다. 오늘 그림에서 나는 두 가지 선입관을 깼다. 우선 나에게 자연은 늘 아름다운 것으로 여겨진 일이다. 적어도 내가 자연을 그릴 땐 되도록 아름다운 자연을 그리려고 했다. 그러나 우리가 자연을 내팽개쳐 버릴 때가 많다. 인간이 지은 것들을 자연에 그대로 방치할 때도 많다. 지난 문명이 다 그렇고 급조한 인공의 것들이 또한 그렇다. 때로 그것과 그것이 조화로울 때도 있으나 상당 부분 파괴적이다. 물론 자연 스스로의 성냄과 격정도 때로 있으나 대부분은 인간이 저질러 놓은 자연의 상처이다. 나는 기차, 특히 증기기관차 SL에 대한 로망이 있다. 내 그림에서도 자주 등장하는 주제이다. 설원을 달리는 기관차, 꽃길을 달리는 기관차, 신록이나 가을 숲을 달리는 기관차, 막역으로 들어서는 기관차, 그 모습, 냄새, 소리 모두가 가슴이 뛰게 하는 설렘이었다. 지금도 여전히 기관차, 특히 SL에 대한 노스탤지어는 누구 못지않다. 그런데 오늘 그림의 기관차는 70년도 훨씬 더 된 멈추어 선 녹슨 기관차이다. 추한 우리, 분단과 전쟁의 상흔이다. 이 기관차에는 가슴이 뛰는 로망이 느껴지지 않는다. 깊은 상처처럼 마음이 갈라질 뿐이다. 아름다움을 향하지 않고 추한 몰골을 그린 것이다. 설레는 기쁨으로 그림을 그린 것이 아니라 눈물 어린 회한으로 그린 것이다. 계절은 가을 즈음이다. 하늘은 푸르나 들판은 쓸쓸하고, 녹슨 기차 옆의 나무는 잎을 다 지운 것인지, 아니면 스스로도 이미 기관차와 함께 목숨을 다하여 죽은 나무인지는 모르겠다. 슬프다 못해 분한, 그런 정경에서 웬일인지 처연한 아름다움 같은 것을 다시 느낀다. 슬픔의 맨 밑바닥에서 찾는 그런 동경, 꿈 같은 것인지도 모르겠다. 철마, 그가 다시 일어서 내달리는 희망 같은.

5호F 캔버스 보드, 아크릴.

세월이 가면

무덥다. 버릇처럼 계절을 앞서가는 그림이 그리고 싶어졌다. 가을을 그리자 문득 박인환의 시가 떠오른다. 그 시에 곡을 붙인 노래, 〈세월이 가면〉을 흥얼거리며 시의 이미지로 그림을 그렸다. 호숫가 벤치이다. 다큐 드라마 〈명동백작〉을 열심히 볼 때, 가장 낭만적인 그 시대 장면으로 기억된다. 명동의 주점 은성에서 박인환이 즉석에서 시를 썼다. 함께 있던 이진섭이 곡을 붙였다. 그리고 또한 같이 술을 마시던 나애심이 이 노래를 처음 불렀다. 조금은 덧붙여진 이야기인지는 몰라도 가슴이 따뜻하고 가득해지는 낭만, 그대로 아닌가 한다.

지금 그 사람 이름은 잊었지만
그 눈동자 입술은 내 가슴에 있네
바람이 불고 비가 올 때도
나는 저 유리창 밖 가로등 그늘의 밤을
잊지 못하지 ….

5호F 캔버스 보드, 아크릴.

녹슨 종

어느 시골 예배당 마당에 녹슨 종이 내려앉았다. 옛 기억은 푸른 녹으로 끼어 이끼 낀 돌단 위에 놓였다. 내가 처음 영원의 것에 가까운 소리를 들은 일, 우주와 통하는 통음으로 느낀 기억 속의 소리는 종소리이다. 어릴 적 시골집 가까이 낮은 언덕 위에는 천주교 성당이 있었다. 지프차를 몰고 다니던 프랑스인 신부가 어린 나와 더 어린 동생이 가끔 성당 마당에서 놀면, 우리 형제에게 비타민C 정제를 나누어 주기도 했다. 성당에서 때때로 종을 쳤다. 시골집 마루에 누워서 아니면 어두워지는 방 안 창가에 누워서 종소리를 들으면, 마음이 맑아지기도 혹 슬퍼지기도 했다. 그러나 그 소리는 내게 신성한 소리임이 틀림없었다. 나는 수집벽이 조금 남아 있을 때, 해외를 다니면서 처도 좋아해서 사기나 금속으로 된 작은 종을 가끔 사들이기도 했다. 다 없어지고, 지금도 몇 개는 서울 집 식탁 위에 놓여있다. 종을 생각하면 토막토막 여러 생각이 밀려든다. 옛 전설 에밀레종에 어린, 슬픈 이야기가 떠오른다. 영화 〈노트르담의 꼽추〉, 안소니 퀸이 분한 콰지모도가 생각난다. 끝까지 시골 교회 종지기가 직업이자 삶이던 강아지 똥의 동화작가 권정생도 연상된다. 이제 성당도 교회도 학교도 종을 치지 않는다. 소리로는 종소리가 지닌 노스탤지어가 나에게 제일 짙다. 어느 때인가 마당에 내려앉아 보관되던 녹슨 종의 시골 교회 예배당 풍경 기억을 그렸다. 귓전에 종소리가 들리는 듯하다.

5호F 캔버스 보드, 아크릴.

1955년 명동 풍경

역사 사진을 보고 만화 한 컷을 그리듯이 그림을 그렸다. 가끔 이렇듯 역사를 그리고 싶다. 대학 시절 어느 친구가 역사를 공부하겠다는 나에게 어울리지 않는다고 했다. 너처럼 도회적으로, 특히 얼굴이 맑고 하얗게 생긴 소년(?)에겐 절대 안 어울리는 공부라고 정색했다. 정녕 그렇다면 역사는 그토록 우중충한 것일까, 모를 일이다. 때로 지나간 시대의 사진이나 기록을 볼 때, 어딘가 어색하고 세련되지 못한 느낌이 들 때는 있다. 그러나 역사로 남은 기록은 오히려 항상 그 시대로서는 첨단의 것이라는 사실도 알아야 한다. 그런데 오늘 그림의 모본이 된 역사 사진은 그런 역사에 대한 인상, 선입감을 벗긴다. 나도 태어나기 전, 1955년 서울 명동거리, 두 사람 다 트렌치코트를 차려입은 유행의 첨단을 걷는 세련된 모습의 남녀이다. 활기찬 발걸음의 그들 뒷배경에는 영화 햄릿을 상영하는 극장 간판이 보인다.

6호F 캔버스 보드, 아크릴.

만포면옥 냉면 한 그릇

별 희한한 그림이 아닐까 한다. 오늘 그림은 만화를 그리는 듯한 기분으로 그렸다. 만화가 선생들이 보면 기분이 상할지 모르겠다. 냉면이 좀 먹음직스럽게 그려져야 하는데, 전혀 그렇지 못하다. 며칠전 성묘 후 오랜만에 들러 한 그릇 먹은 송추 만포면옥의 냉면이다. 이 또한 아마추어 냉면 마니아가 아마추어 솜씨로 만화를 그리듯 그린 냉면 한 그릇이다.

5호F 캔버스 보드, 아크릴.

서울 남산

잠시 귀국했다. 물론 그림으로 말이다. 오늘 회상 여행은 서울이다. 보고픈 친구들, 그림 안에서라도 모두 서울에서 만나자. 서울에서 나에게 가장 익숙한 곳은 신촌이다. 고교와 대학, 대학원 시절 그리고 연세대학교 교수 재직 시절, 곧 대부분의 내 삶의 시간과 관계된 곳이었다. 물론 지금의 서울 집도 신촌에서 지척이다. 그러나 남산도 아주 깊은 인연이다. 대학을 막 졸업하고, 출판사에서 일을 시작했다. 출판사 편집실이 남산 기슭에 있었다. 매일 남산 순환도로를 타고 출근했다. 나의 사회생활, 그 첫발은 남산에서 시작되었다. 그리고 결혼 후, 첫 신혼집도 남산 밑 후암동에 마련했다. 그곳에서 꼭 6년을 살았다. 두 딸이 모두 후암동에서 태어났다.

그러고 보면 서울에서 신촌 다음은 나에게 남산이다. 남산 그림은 가을 깊은 날로 시점을 잡는다. 그림 여행의 장점은 장소는 물론 시절도 맘대로 정할 수 있다는 것이다.

5F 캔버스 보드, 아크릴.

프리지어 화병

어머니는 꽃을 무척 좋아했다. 훗날 어머니의 생업이 된 꽃가게는 그 결과인지도 모른다.

고된 일이 되었지만, 그나마 그것이 좋아하는 꽃들과 함께여서 견뎠을 것이다. 온갖 꽃들을 다 좋아하였지만, 특히 프리지어를 좋아하셨다. 어머니는 프리지어를 '후레자'로 불렀다. 어머니 꽃가게에 계절이 크게 어긋나지 않을 때면 프리지어가 없을 때는 없었다. 노란 프리지어 묶음이 늘 어머니 꽃가게의 앞줄에 있었던 기억이 있다. 당시 나는 꽃을 별로 좋아하지 않았다. 꽃을 좋아하고, 꽃을 파는 어머니가 오히려 처연한 아픔이었다. 그래서 꽃은 나에게 아름다움보다는 슬픔이었다. 가끔 어머니는 팔다가 남은 혹 조금 시들어 팔기 어려운 꽃을 화병에 꽂아 내 책상 위에 두었다. 특히 프리지어, 또는 안개꽃이 자주 내 책상에 꽂혔다. 난 말은 안 했지만, 책상 위에 꽃이 꽂힌 것이 싫었다. 꽃의 자태도 향기도 내게는 아득한 고통 같은 것이고, 눈에 티가 들어간 듯 눈물을 비벼야 했다. 그러나 어머니가 꽂아 둔 꽃병을 치우거나 다른 곳으로 옮기지는 못했다. 어머니가 늘 내 옆에 있고 싶어 하는 마음 같아서이다. 언제부터인가 나는 꽃을 무척 좋아한다. 그림에도 아마 제일 자주 그리는 것이 꽃, 꽃병, 화분이 아닐까 한다. 이번 가을 10월 20일은 우리 어머니 43주기 기일이다. 바람에 가을 냄새가 나는 아침, 문득 캔버스 앞에 앉아 어머니의 프리지어, 아니 어머니의 후레자를 그렸다, 되도록 몽환적으로. 어머니가 좋아하던 보라와 노란색을 주로 사용했다.

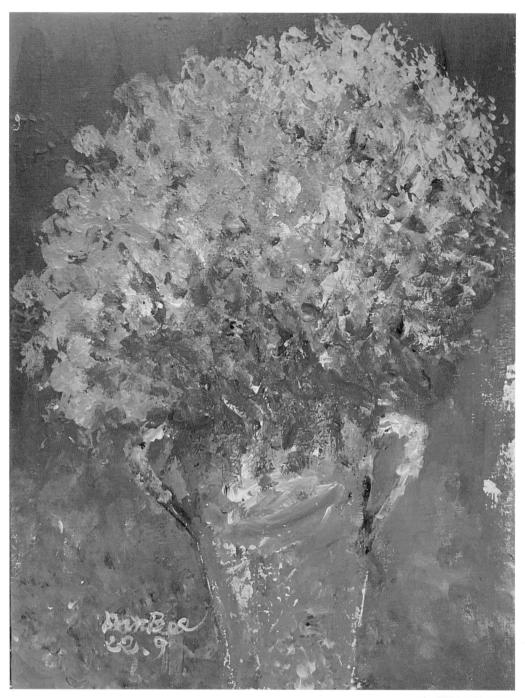

5호F 캔버스 보드, 아크릴.

연세대학교의 봄

며칠 전 오랜만에 연세대 캠퍼스로 봄꽃 구경을 갔다, 둘째 사위와
손주도 함께. 찬란한 봄이다. 서울 집에도 그림 도구와 공간이 준비
되었다. 첫 그림이다. 나와 처의 모교이자 내가 교수로 오래 재직한
옛 터전의 풍광을 처음으로 캔버스에 옮긴다. 봄, 한가운데이다. 마
음은 허허롭지만, 봄은 빛나는 봄이다. 봄날은 간다.

5호F 캔버스 보드, 아크릴.

언더우드 타이프라이터

자랑거리가 있다. 지금은 거의 화실로 쓰는 나의 서울 집 서재에는 가치는 고하간에 가보에 가까운 물건이 있다. 골동품 언더우드 타이프라이터 세 대이다. 연세대학교에 재직할 때, 언더우드가 기념관을 꾸리는 책임을 맡았다. 그때 기념관에 걸맞은 소품을 구하기 위해 애쓴 설립위원회 소속 내 조교들이 대학의 소품 예산 범위 내에서 기념관 비품을 구비한 후, 여분으로 발견된 이 물건들의 정보를 나에게 주었다. 나는 사비로 선뜻 이것들을 구입했다. 나름 꽤 고가였으나 소장하고 싶었다. 모교 연세대학교의 역사와도 깊이 연관되는 동시에 한국 근대화 유물들이다. 연희전문학교를 설립한 언더우드 선교사의 형은 당시로서는 세계적인 회사인 언더우드 타이프라이터 회사를 설립한 사람이다. 선교사 언더우드의 형인 존 티 언더우드의 도네이션이 연세대 설립의 씨드 머니, 즉 종잣돈이 된 것이다. 한국뿐만 아니라 아시아에 타이프라이터를 처음 공급한 것도 이 회사이다. 내가 소장한 세 대의 타이프라이터는 각각 출시 연대가 다르지만, 그중에서도 큰 종이에 타이프를 칠 수 있는 (전문가용으로 보이는) 외교 문서 작성을 위한 타이프(그림 오른편의 길고 큰 특수한 타이프라이터)가 특별해 보인다. 이것은 1930년대 제품으로 추정, 최근 고증은 받아보지 않았지만, 꽤 고가의 가치로 추정된다. 우선 눈에 들어오는 두 대를 진경 정물로 삼아 그렸다. 서재 창에서 비치는 햇살이 오래된 소장품 위에 비친다.

5호F 캔버스 보드, 아크릴.

눈 내린 다음 날

눈이 온 이튿날 하늘은 푸르고 시리다. 하늘빛 푸르름과 겨울 햇살
이 뒤섞여 건물에 부딪히니, 노란 듯, 푸른 듯, 아니면 함께 엉켜 연
둣빛이 완연하다. 그러나 바람은 매섭고, 바라보는 시야를 흩어 놓
는다. 내린 눈은 응달진 구석이나, 건물의 후미 말고는, 흔적을 지우
려 애쓰고 있다. 차가운 듯 따뜻한 풍광이다. 그 푸르고 시린 날 나
들이였다. 차를 몰아, 큰길로 나서는 눈에 햇살이 부셨다. 그리고 그
눈으로 우리 마을 길을 내다보는데, 꼭 그림과 같은 이미지가 내 눈
에 보였다. 눈에 들어 온, 눈 내린 다음 날의 장면을 되돌려 내었다.
추위는 계속이지만, 결코 차갑지 않은 겨울 어느 날이다. 그림을 그
리는 내 마음이 평화를 향한다.

5F 캔버스 보드, 아크릴.

가을 깊은 한옥 뜨락
─유동식 선생님 떠나신 가을에

선생님이 나에게 가르쳐 주신 것 중 하나가 더 있다면, 종교와 인문학을 공부하면서도 그림을 그리는 것이다. "선생님, 그림은 어떻게 그리시게 되었어요. 그림을 잘 그리려면 그 또한 공부가 많이 필요하지요?" 아주 오래전 어느 날 나는 유아적인 질문을 불쑥 드렸다. 당시 내가 그림을 그릴 수 있으리라고는 추호도 생각하지 못할 때이다. 그냥 빙긋이 웃으셨다. 다 통해, 다 통하는 거야. 그저 그리면 돼, 좋으면 다 되는 거야. 일본 유학 시절, 두 번 정도 선생님이 교토에 오셨다. 여기저기 내 조그만 빨간 자동차로 선생님을 모시고 다녔다. 선생님은 음식을 채 다 드시기도 전해 꼭 손을 씻고 오시겠다고 했다. 그리고 가게 문을 나설 때는 이미 음식값과 곁들여 나눈 곡차 값이 계산되어 있었다. 선생님 귀국하시는 날에 선생님을 역시 내 작은 차로 모셨다. 공항 로비에서 작별했다. 선생님이 갑자기 나에게 손을 내밀라 하셨다. 나는 악수를 하시려나 했다. 두 손을 모아서 대라고 하셨다. 당시 선생님의 개량 한복 주머니 여기저기에서 일본 오백 엔짜리가 포함된 동전이 나오기 시작했다. 도저히 한 손, 한 움큼으로 받을 수 없는 동전이 소르르 내 두 손바닥 위에 담겼다. 눈물이 핑 돌았다. 선생님과의 기억 중 작은 한 가지가 이 새벽에 생생하다.

어제저녁 늦게까지 선생님 빈소에 있다가 돌아와 그림을 그리기 시작했다. 한국의 풍류가 선생님 전문이다. 그림은 모든 게 다 연결된 선생님 전공이다. 은행나무가 있는 깊은 가을날 한옥 뜨락이다.

5F 캔버스 보드, 아크릴.

왕릉의 하얀 매화
—서광선 선생 떠난 후

선생이 어제 갑자기 멀리 가셨다. 참 다정하고 다감한 선생이었다. 2000년대 들어서 선생을 직접 만나 이런저런 가르침을 받았으니, 비교적 늦게 뵌 선생이다. 물론 내가 일본에 있으니 최근 수년간도 못 만나 뵈었다. 나는 60평생 살면서 가족 형제 이외에는 나와 같은 성씨인 서 씨와의 좋은 기억이 많지 않다. 거의 유일하게 50년 친구인 고교 시절 친구, 서진석 군이야 형제와도 같지만, 그 외에는 좀 그랬다. 그러나 국제 컨퍼런스로 홍콩 중문대학에서 선생을 뵙고, 농담처럼 서씨 종친회를 하자고 하신 이후 사제관계로 지냈다. 한국에 있을 때는 물론 자주 뵌 편이지만, 일본으로 와서도 메일을 주고받기도 하고, 내가 학회 때문에 한국에 나가면 멀리 학회 장소까지 여러 차례 찾아주셔서 반갑게 만나곤 했다. 어제 떠나셨단다. 1931년생이시니 90세가 넘으셨다. 그러나 역시 황망하고 슬프다. 이번 봄 안식년에 귀국하면 꼭 뵐 작정이었다. 어제 방명록에 "선생님, 어찌 천국으로 꽃구경을 가셨나이까"라고 썼다. 선생님 가시는 길을 생각하며, 왕릉의 낡은 단층 앞에 일찍 핀 하얀 매화를 그림으로 그려 선생님 가시는 길에 드린다.

5호F 캔버스 보드, 아크릴.

선생님, 천국은 이런 곳인가요
—지명관 선생님 가시는 길에 부치는 그림

어제 지명관 선생님 먼 길 떠난 소식에 슬프고 심란한 기분으로 보냈다. 그림도 그리기 싫고 책도 읽기 싫었다. 페이스북과 블로그에 선생님 서거 소식 그리고 선생님과 옛 기억 몇 줄 적어 두고, 마음을 한갓지게 하려고 애썼다. 아침에 문득 선생님, 이제 천국에 당도하셨냐고 묻고 싶었다. 더구나 천국은 이런 곳이냐고 묻고 싶었다. 누구의 질문에도 비교적 자상히 웃음으로 성실히 답하시던 선생님이다. 이제 선생님께는 천국만 물어볼 수 있구나. 아니, 천국까지도 물어볼 수 있구나. 선생님, 천국은 과연 이런 곳인지요.

5호F 캔버스 보드, 아크릴.

이맘때 화단 가 난초,
생일을 축하해 준 모든 친구에게 바침

잘 가꾸지도 않은 시골집 화단에는 이맘때 이런 난초가 피어있었다. 내가 태어난 늦봄, 초여름의 누리는 눈부시고, 사위는 찬란하다. 바로 그런 계절에는 기쁨은 더욱 빛나고, 때로 슬픔은 더욱 처연한 법이다. 어려서부터 잦은 병치레로 처음 기억에 남은 자연과 꽃과 풀은 오직 시골집 우물가, 담 밑 화단의 아무렇게나 피어있는 난초, 봉숭아, 채송화 그런 것이었다. 어제에 이어 오늘까지 이어지는 지구 이쪽저쪽 친구들의 생일 축하에 반갑고 기쁘고 미안하다. 일일이 친구들의 생일도 축하하지 못했고, 나에게 보낸 그 귀한 메시지에도 하나하나 고맙다는 답도 다 못하고 있다.

태어난 때야 어찌 기억하랴 만은, 마루 끝에 앉아 울 밖의 세상을 꿈꾸던 병약한 어린 날의 처음, 5월 꽃 기억을 더듬었다. 오늘 그림은 내 생일을 축하해 준 멀리, 가까이에 있는 모든 친구에게 정중히 바치는 그림이다.

"친구들 모두, 5월의 찬란한 꽃의 영광을 받으시라."

5호F 캔버스 보드, 아크릴.

연날리기

푸른 하늘에 연이 난다. 방패연과 꼬리연이다. 어릴 적 우리 아버지
는 연을 아주 잘 만들었다. 특히 방패연 전문이었다. 버리게 된 비닐
우산, 대나무 살을 잘 다듬어 두었다가 섣달그믐날, 곧 작은 설날이
나 아니면 정월 보름날에 방패연을 만들어 주셨다. 형제와 가족들
도움이나 혹 친구들과 함께 겨울 푸른 하늘에 연을 날렸다. 연이 하
늘에서 뛰어놀 때 나는 늘 자유를 생각했다.
그것이 그렇게 즐거웠다. 그리고 어느 순간 간절한 소망 같은 것을
연 위에 올려 날렸다. 그럴 때면 늘 눈물이 났다. 왜인지 모르지만,
하늘에서 연이 날면 내 눈엔 눈물이 났다. 자유에의 희원인지 모른
다. 오늘은 작은 설날 새벽, 그림으로 연을 날린다. 역시 방패연과
꼬리연이다. 눈물 어린 눈으로 바라보던 연 그대로, 눈물 속에 흔들
리던 연 그대로이다. 새벽에 잠이 깨어 연을 날린다.

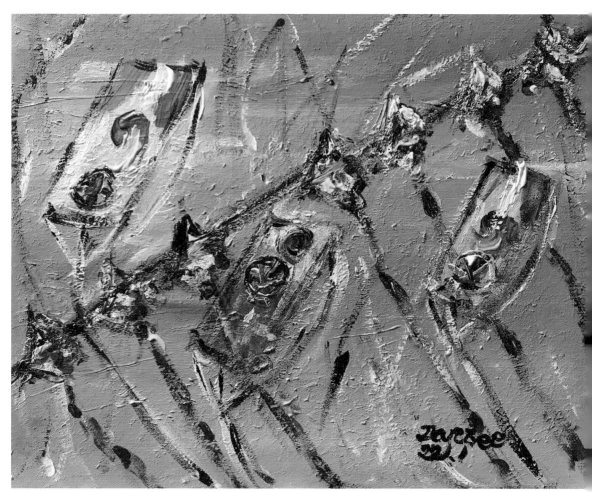

5F 캔버스 보드, 아크릴.

5월의 창 5월의 문

새벽부터 여러 친구들의 생일 축하메시지와 카드가 답지하고 있다. 내 생일을 축하해 주는 모든 친구들에게 깊이 감사를 드린다. 일일이 고맙다는 답을 다 할 수 없음을 참으로 미안하게 여긴다. 그 대신 그림 한 점으로 고마운 마음을 보낸다. 5월 맑고 빛나는 날, 어느 오두막의 문과 창이다. 5월의 꽃들을 아무렇게나 꽂아 놓은 벽 장식과, 문앞 뜰에 핀 키 낮은 꽃들을 정답게 느낀다. 나는 본래, 문과 창을 참 좋아한다. 문과 창은 소통이며, 교류이며, 평화의 통로라고 생각한다. 창이 없고 문이 없는 벽은 죽음, 고립, 억압과 같은 형상이다. 문과 창은 안과 밖의 경계이자, 만남이며, 나와 그대와, 우리와 너희의 연대이자, 제휴의 의미가 아니겠는가. 내가 태어난 계절의 화사한 꽃이 꽂힌, 5월의 문과 창의 그림으로 모든 친구들이 보내는, 생일축하의 감사인사에 대신한다.

14*11인치 캔버스보드, 아크릴.

안동 하회마을

고국에는 설날 연휴가 시작되었을 것이다. 이맘때 한국은 바쁘지 않아도 바쁘고, 즐겁지 않아도 즐겁고, 또한 쓸쓸하지 않아도 쓸쓸한 때이다. 우리 어릴 적 설날의 향수야 어쩔 수 없는 것이리라. 나는 어릴 때 설날보다 작은 설날, 즉 까치설날을 더 좋아했다. 물론 설날 아침, 새 옷 설빔을 입고 세뱃돈 수입도 만만찮으니 좋았던 것은 사실이다. 그러나 작은 설날, 집 안에 음식 냄새 가득하고, 전이며 한과며 곶감이며 만들자마자 슬쩍슬쩍 집어서 입에 넣어 주시던 어머니, 할머니 따뜻한 손길과 작은 설날 잠을 자면 눈썹이 하얗게 센다는 엄포에 두 눈을 부릅뜨고, 가래떡 써는 어머니 옆에서 종알거리던 추억은 지금도 마음을 푸근하게 한다. 설이 없는 도쿄, 오후에 동네 산책을 나갔다가 점심 후 천천히 그림을 그렸다. 눈앞에 선명한 안동 하회마을 풍경을 돌아본다. 설날 하면 떠오르는 마을이 아닐까 한다. 모든 풍광이 내겐 익숙하다. 안동 여행에서 늘 웃음이 나던 음식상이 헛제삿밥이었다. 제사 지낸 것은 아닌데 음식은 제사상과 같다는 의미일 것이다. 헛제삿밥도 먹고 싶다.

5F 캔버스 보드, 아크릴.

딸들의 어린 시절 여름휴가

오랜 옛 기억의 소환이다. 내 유학 시절 어느 여름, 어린 딸들이 엄마와 함께 일본에 왔다.

여기저기 다니던 중, 하루는 바닷가로 갔다. 고베 수마 해변이다. 그때의 기억을 모티브로 그림을 그렸다. 바다 먼 곳을 나란히 서서 바라보던 딱 이만한 때의 어린 딸들의 기억이 진하다. 코비드 팬데믹 상황, 여름휴가도 예전 같지 않으리라. 더구나 우리 식구들은 일본의 도쿄와 규슈 그리고 한국으로 모두 흩어져 있다. 이제는 어린 딸들이 아니라 두 딸 모두 다 부모가 되어 어린아이가 딸려있다. 세월은 유수와 같다. 모두 모여 그 바닷가로, 다시 나아가 보는 희망으로 오늘은 옛 기억을 불러 회상의 휴가를 떠난다. 물론 장면 그대로의 재현이 아니라 기억의 모티브로 재구성된 그림이다. 어려운 시절 모두 건강하기만을 바란다.

5호F 캔버스 보드, 아크릴.

숲속의 두 공주

오늘 그림은 손주들이 아니고 딸들이다. 정확히 31년 전, 1990년 여름이다. 아빠 혼자 유학하고 있던 일본 교토에 딸들이 엄마와 함께 다니러 왔다. 아빠가 가장 필요하던 어린 시절, 아빠 없이 지내다가 아빠를 만나러 온 것이다. 어찌하든 짧은 기간에 여러 가지를 경험하게 해 주려 애를 썼다. 운전해 다니던 빨간색 작은 차에 식구 모두를 태우고, 하루도 쉼 없이 교토와 나라, 오사카, 고베 등 간사이 전체, 오카야마, 세토나이카이를 건너 멀리 시코쿠까지 누볐다. 그러던 어느 하루는 당시 내가 무척 좋아하던 숲으로 갔다. 교토부립식물원 안의 울창한 숲속이다. 이곳은 찌는 듯한 여름날도 청량한 바람이 불고, 대개 여름 숲의 방해꾼인 모기를 비롯한 해충도 거의 없는 불가사의한 자연 숲이다. 두 딸은 신나게 뛰어놀았다. 두 딸이 노는 모습을 지켜보며, 사진을 찍으며, 그렇게 보고 싶던 딸들을 눈 속이 각인시키려 했던 기억, 아마도 지금껏 내 생애에서 가장 행복한 순간을 꼽으라면, 단연 으뜸 장면일 것이 분명하다.

손주들 그림만 그리고 생각하다 보니 문득 먼 시절, 딸들의 어린 시절 기억이 새롭게 떠오른다. 사실, 손주들은 막말로 한 다리 건너인 것을….

5호F 캔버스 보드, 아크릴.

카네이션 화분

오늘은 카네이션의 날이다. 이틀 전 다니러 온 둘째 딸이 카네이션
화분을 사 왔다. 물을 주고 키우겠지만, 오래 두고 볼 수 있는 내 나
름의 방식이다. 거실의 오디오 스피커 위에 올려 둔 카네이션 화분
을 정물 모델로 그렸다, 붉은 카네이션 같은 마음으로.

5호F 캔버스 보드, 아크릴.

두 손주 이야기

내가 손자들이 보고 싶은 모양이다. 어젯밤 살풋 꿈을 꾸었는데, 꿈에 후쿠오카의 큰 손자 유유와, 한국의 작은 손자 겸이 함께 나왔다. 희미하지만, 지난 3월에 도쿄에 다니러 와 있을 때, 할아비, 할미와 함께 간 공원에서 내달아 달리며 놀던 유유와, 지난 이른 봄 지 엄마 아빠와 동해안에 가서 창가에서 바다를 보던, 겸이 모습이 겹쳐서 나타난 것 같다. 큐슈의 유유는 3월에 도쿄집에 다녀갔고, 여름방학에 서울에서 만날 수 있을까 한다. 그리고 한국의 겸이는 곧 6월초에 도쿄에 오기로, 비행기 티켓팅을 해 둔 모양이다. 손자바보 할아비가 누구보다 행복한 것은 분명하나, 멀리들 있으니, 때로 더 적적하고, 허허로운 것도 사실이다. 두 손자의 모습을 꿈에 본 기억대로, 캔버스에 되올린다.

14*11인치 캔버스보드, 아크릴.

꽃보다 손주

〈사람이 꽃보다 아름답다〉는 노래가 있다. 사실 그렇다. 너 나 할 것 없이 그림을 그리는 이들은 꽃을 그리는 경우가 많다. 내 그림에도 단연 꽃과 나무가 많다. 그러나 생각해 보면 꽃을 바라보는 내가 있고 꽃 그림을 보아 느끼는 사람이 없다면, 꽃도 꽃 그림도 생명이 아닐 것이다. 꽃 자체만으로는 의미 없는 몸짓일지 모른다. 흩날리는 가화 조각에 지나지 않을지도 모른다. 지난번 둘째 딸 손주를 데리고 봄꽃 구경을 나갔다. 꽃은 현란하다 못해 고혹적일 정도였다. 그러나 내 눈길은 계속 어린 손주의 얼굴에 가 있었다. 꽃그늘 아래, 꽃비 속에 방긋거리는 손주 얼굴이 정녕 꽃이었다. 누군가의 노래처럼 사람은 꽃보다 아름답다.

5호F 캔버스 보드, 아크릴.

2장

일상, 내 삶의 주변을 그리다

봄날 창가

초겨울, 햇살이 부시다. 그런데 어느덧 봄날을 꿈꾼다. 사람이 이렇게 조급하고 변덕스럽다. 보내는 가을을 아쉬워한 적이 언제인가. 더구나 오는 겨울에 설레며 눈발 날리는 겨울 풍경을 기다리며 그림도 그렸다. 아직 겨울은 다 오지 않았다. 특히 나는 시간과 계절에 늘 앞서가는 성정이다. 공간을 이동해 다니기도 즐기지만, 그보다 시간을 전후로 가로지르는 것을 즐긴다. 겨울이 미처 다 오기도 전에 봄을 꿈꾼다. 고즈넉한 봄날의 창을 이번엔 마당에 서서 바라본다. 그렇게 한가롭고 고요하며 평화로울 수가 없다. 봄날이 다시 올 때 햇살 가득 빛나기를. 봄 햇살 따사로울 때, 바람이 부드러울 때 모두에게 평화 가득하기를 미리 꿈꾼다.

5F 캔버스 보드, 아크릴.

호박골 다리 너머
포방터 산 위의 우리 집

비록 그림이지만, 귀국했으니 집에는 들러야 하지 않겠나. 저녁 어스름, 어둠이 막 내리고 여기저기 불빛이 비치는 짙은 황혼 무렵에 서울 집으로 올라간다. 우리 집은 서대문 문화촌 홍은동 호박골 다리를 건너 포방터 시장을 지나 홍제천 상류를 따라 오르면, 북한산 자락 산 위에 있다. 테라스에서 인왕산과 안산이 바로 눈앞이고, 북한산 한쪽 기슭을 등지고 있다. 세검정이 지척이고 상명대학, 부암동도 바로 이웃이다. 신촌, 광화문이 자동차로 10분 거리도 채 안 되지만, 분위기는 완전 시골이다. 요즘은 많아 달라졌지만 20년 전 처음 이사 들어올 때는 거의 70, 80년대 풍광이었다. 나는 좋았으나 아마 딸들은 되게 싫었을 것이다. 자동차 생활은 그럭저럭하지만, 마을버스는 불편하기 때문이다. 그러나 서울 한가운데 이런 공기와 전망과 새소리를 가득 품은 집은 드물다. 특히나 조금만 내려오면 생활에 필요한 물건이 즐비한 조금은 촌스럽고 시끄러운 재래시장이 있다. 그곳은 도회적이진 않지만, 훈훈한 냄새가 가득한 사람 사는 세상처럼 보인다. 그러나 이곳을 떠난 지도 거의 10년이 되었으니 지금도 그런지는 자신이 없다. 나는 우리 서울 집을 상당히 좋아한다. 눈이 오면 좀 야성적(?)이 되기도 하는 동네이다. 가서 쉰 지, 일년 반도 넘었다. 그래서 그림으로 그렸다.

5F 캔버스 보드, 아크릴.

가을비

도쿄는 연일 폭염이다. 그림 회상 여행에서 돌아와 다른 그림을 그리고 있다. 가을을 기다리는 마음을 몇 번 그렸으나 쓸쓸하지만, 가을에 비가 흠씬 내리면 좋겠다. 쓸쓸함을 뒤집으면 시원하거나 홀가분할 수도 있지 않을까 한다. 그림을 그려 놓고 바라보다가 오래전 유행가 〈가을비 우산 속〉이라는 노래가 문득 떠오른다. 아마 이 노랠 부른 가수 최헌은 세상을 떠난 것으로 안다. 유독 가을 노래를 부르던 가수였다는 기억이 있다. "가을비 우산 속에 이슬 맺힌다"가 후렴으로 반복되는 노래인 것으로 기억하는데, 유행가 가사이지만 어느 시에 뒤지지 않는다. 노래도 흥얼거려 본다.

5F 캔버스 보드, 아크릴.

도쿄 집 루프 테라스

그림으로지만, 여행지를 떠돌다가 집으로 돌아왔다. 문득 자신의 집에 정을 붙여야지 하는 생각이 들었다. 우리 집은 도쿄 한가운데 있는 콘도미니엄 형 맨션이지만, 한 가지 좋은 것은 맨 위층의 프레미엄으로 소위 루프 테라스가 넓게 붙어 있다. 아래층 세대들의 좁은 테라스에 비하면 고마운 일이다. 물론 이웃 에비스와 롯폰기, 멀리 아카사카 부근까지 바라다보이는 조망도 나쁘지 않다. 그리고 국립 자연학습원과 정원박물관이 지척이어서 초록도 넓다. 어떻든 이 루프 테라스는 내가 이 집으로 이사를 결정한 주요 이유 중 하나였다. 도시는 주 색감이 회색이다. 그 회색에 대비된 초록 식물과 붉은 꽃이 더 조화로울 수 있다. 그러나 마음이 여전히 산란한지 표현이 잘되지 않는다. 어쨌든 자신의 집을 사랑하지 않으면 여행도 의미가 없으리라.

5F 캔버스 보드, 아크릴.

담장 밖의 가을

가을이 저만큼 있다. 아직 그처럼 깊은 가을은 아니다. 미리 바라보는 가을을 담 너머로 바라보자. 경치는 경치와 하나 되어 보는 법과 경치와는 떨어져서 스스로 구분되어 바라보는 법이 있다. 오늘 그림은 그야말로 담 안에서 담 밖으로 내다보는 가을이다. 어쩌면 나 자신에게 더 익숙한 방식인지 모른다. 나는 어려서부터 창문 안에서 창문 밖으로, 담장 안에서 담장 밖으로 바라보는 방식에 길들여졌다. 어찌 보면 세상을, 삼라만상을 더욱 객관적으로 볼 수 있는 법인지 모른다, 그러나 그것은 늘 외로운 일이다. 때로는 슬픈 일이기도 하다. 이 시대의 가을도 일단은 옛 나의 방식으로 미리 바라본다.

5F 캔버스 보드, 아크릴.

꽃밭에서

가을을 기다리고 어서 겨울이 오기를 바라는 마음이지만, 한편으론 이렇게 가는 여름에 대한 회한, 아쉬움도 크다. 일본 열도는 태풍가도에 들어섰다. 이미 규슈에는 비를 퍼붓고 있고 오늘 저녁부터 도쿄도 태풍권이다. 오늘 그림은 두 곡의 노래를 부르며 그림을 그렸다. 우선 동요 〈꽃밭에서〉이다.

"아빠하고 나하고 만든 꽃밭에
채송화도 봉숭화도 피었습니다…."

그리고 또 한 노래는 가수 정훈희가 부른 〈꽃밭에서〉이다.

"꽃밭에 앉아서 꽃잎을 보네
고운 빛은 어디에서 왔을까
아름다운 꽃이여, 꽃이여…."

그런데 오늘 내 그림은 노래의 분위기와는 다르다. 나름 강렬한 희고, 붉은 꽃잎을 보니 그런 생각이다. 아무튼 여름의 끝자락 '꽃밭에서'를 그렸다. 그런데 오늘 내 그림에서도 여전히 나무를 주목할 수밖에 없다. 오늘은 그야말로 주인공처럼 떡 버티고 선, 더구나 웅혼이 깃든, 연륜이 깃든 나무이다. 그렇지만 결국은 그 앞에 핀 꽃들의 배경에 지나지 않고 말았다. 역시 나무가 주체가 아닌 그림은 계속되었다. 나무에게 깊은 마음을 더하여 준다.

5F 캔버스 보드, 아크릴.

햇살

햇살을 그리고 싶었다. 나무를 그렸으나 나무가 주인공이 아니다.
오늘은 바닷가에 쏟아지는 아침 햇살을 그리기 위해 또 나무를 그렸
다. 해는 이미 떠올랐으나 바다 안개는 아직 다 걷히지 않았다. 바다
와 땅의 경계도 희미하고 멀리 떠 있는 섬들도 눈에 들어오지 않는
다. 다만 바닷가 언덕을 지키는 나무의 초록 잎이 제일 먼저 색과 모
양을 드러낸다. 나뭇잎 사이로 맑은 햇살이 쏟아 내린다. 아침 햇살
의 색깔은 하얀지, 노란지, 붉은지 구분이 어렵다. 내 눈에는 그 모
두가 엇섞여 내린다. 햇살에 얼굴을 씻어 해무를 걷어내는 바다와
작은 섬과 무엇보다 바닷가를 지키는 묵묵한 조연, 나무들을 그렸
다. 중심이 아니면서도 중심 이상의 몫을 하는 그런 나무가 요즘 내
그림의 주제가 되고 말았다.

5F 캔버스 보드, 아크릴.

들판에 부는 바람

나무를 그린 그림이 아니다. 바람을 그리고 싶어 바람 부는 들판에
선 나무를 그린 것이다. 그러나 결국 나무는 그렸는데 바람이 그려
졌는지는 자신이 없다. 그렇다고 나무를 휘저어 꺾어 굽히는 바람은
아니다. 바람은 거세지만, 견딜 만한 바람이기 바란다. 안개는 짙고
하늘이 무겁게 내려앉았다. 그렇다고 비가 내리지는 않지만, 온 누
리는 물빛이 짙다. 가을 어느 날 들판에 부는 바람처럼 휘이휘이 떠
나고 싶은 날이다. 마음의 쉼으로 바람을 그렸다.

5F 캔버스 보드, 아크릴.

난을 치다

분명 캔버스 위에 아크릴 물감을 진하게 굵은 붓에 듬뿍 찍었다. 그러나 마음은 화선지 위에 먹을 찍어 난을 치듯이 했다, 서양화를 그리면서 완전히 우리 수묵화를 대하는 마음으로. 흥선 이하응은 내심 강력한 야심을 품고, 스스로는 허접한 왕족의 끝자락 신분을 오갔다. 고관대작의 잔칫집에 마치 비렁뱅이처럼 오가며 난을 쳤다. 옛 시절 소위 선비들이 난을 칠 때의 심정은 무엇이었을까. 마음을 다스리기 위해, 마음을 감추기 위해, 아니면 이미 초탈한 마음을 꼿꼿이 다지기 위해…. 아무튼 난을 치는 행위의 바탕에는 마음이 연관되어 있었을 것이다. 비록 서양화 방식으로 양란을 의식하고 난을 쳤지만, 역시 마음이 조금은 편안해진다. 난초 그림을 그리지 않고, 난을 치는 기분으로 그림을 그리니 더욱 그리는 시간이 짧아진다. 순식간에 휘리릭 그리고 말았다. 거의 색을 더하지 않는 한, 한번 지나간 붓 자리는 그대로 두었다. 바탕 자리를 비롯하여 그림을 다 그리기까지 채 반 시간이 걸리지 않았다. 그림을 이렇게 그려도 되는지 모르겠다.

5F 캔버스 보드, 아크릴.

화분 두 개 놓다

봄이 가득 갇힌 화분을 그린다고 그렸다. 빛이 산란하면 산란한 대로, 모양이 희미하면 희미한 대로 화분 두 개가 살빛 탁자에 놓였다. 그림을 그렸다기보다는 역시 물감 찍기 놀이를 한 기분이다. 애초에 형도 빛도 색도 전혀 예정치 않고, 붓을 그저 움직인다. 다만 물감은 꼭 물감 재벌처럼 쓴다. 굳지 않은 색 위에 다시 색을 더한다. 되도록 밝은색을 가져왔지만, 흐린 하늘, 이 흐린 세상은 어쩔 수 없다.

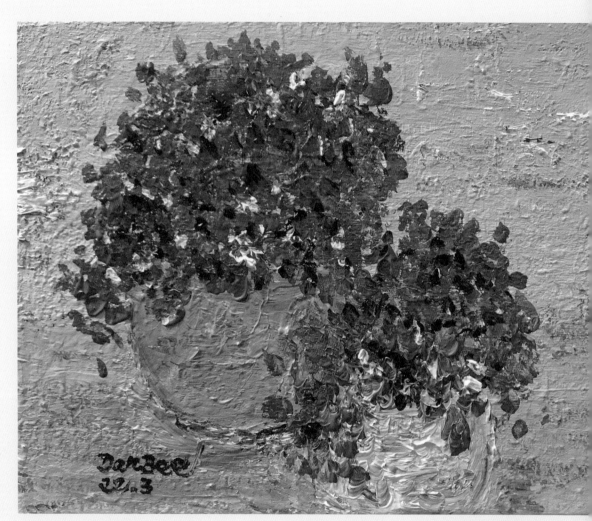

5F 캔버스 보드, 아크릴.

밝은 창 가까이 둔 녹색 화분

햇살 따사로운 봄날, 작은 화분이 창가에 놓인 풍경이다. 내 그림이
너무 밖으로만 돈 것 같다.
가끔은 안온한 정물도 그려야겠다. 오늘 조금 심리적으로 불안정한
날인 듯하다. 밤낮으로 연이어 그림을 몇 점 그리며 마음을 다스린
다. 그런 어느 봄날의 밤이다.

5호F 캔버스 보드, 아크릴.

달빛 소나타

고국의 보름달, 달빛, 달무리, 그 아래 만개한 봄꽃 정경이다. 도쿄에 있을 때 달빛, 별빛을 바라보면서 저 달과 저 별은 내 고국의 것과 같은 것이려니 했다. 그림을 그리기 시작한 지 얼마 안 되어 밤의 갈대밭을 그린 적이 있다. 거기에 휘영청 밝은 달과 빛나는 별빛을 같이 그려 넣었다. 내가 잘못 그린 것이다. 별을 그릴 때는 달을 두지 않고, 달을 그릴 때는 별을 그리지 않아야 한다. 그때의 그림이 유달리 어색한 것은 단지 그림이 초보이어서 만은 아니었다. 나중에 보니 밤 풍경을 해석하는 명민함이 부족한 것이 더 큰 문제였다. 그때부터 늘 아마추어인 내 그림을 격려해 주던 저명한 사진작가이자, 젊은 시절부터 가깝게 지내던 선배 김문호 형이 그것을 일깨워 주었다. 과연 그렇다. 그리고 오늘 그림을 그리면서는 월파(月波)라는 호를 지닌 일생의 선배요 형제인 김흥수 형을 생각한다.

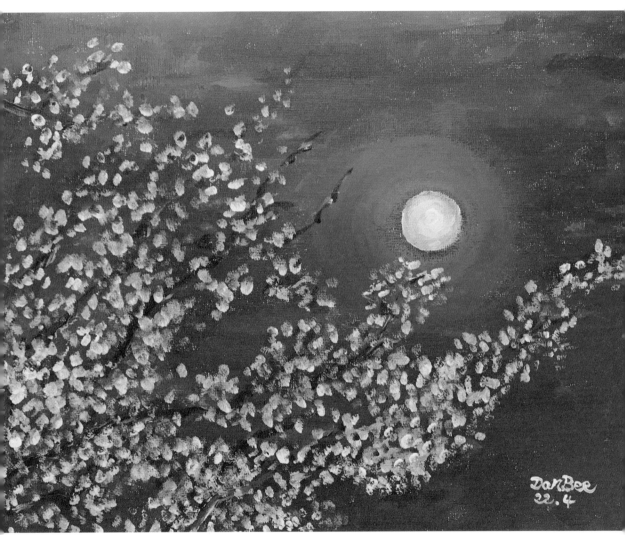

5호F 캔버스 보드, 아크릴.

화분 하나

별로 예쁘지도 않고, 가꾸지도 않은 화분 하나 그렸다. 마음도 몸도 분주하여 그림도 그리지 못했다. 역병, 전쟁, 지진, 삼종 세트이다. 마음이 흩어지고 몸도 지친 나날이다. 오늘도 종일 온라인 줌 앞에 앉아 있어야 하는 상황이었다. 저녁을 먹고 난 후, 마음을 가라앉히려고 이젤을 끌어당겼다. 그림을 그린 것이 아니라 역시 물감을 무조건 찍었다. 지금까지 그린 그림 중 가장 물감을 두텁게 입혔다. 무조건 물감을 거칠게 찍어 넣은 것뿐이다. 마음의 평정을 원하여 그림을 그렸다.

아주 아주 오랜만에 저녁 그림을 그렸다. 거의 처음 그려본 방식이다. 물감과 붓 사이가 일정한 거리를 두고 따로 돌고 있는 듯했다. 붓을 움직이는 것과 모양이 표현되는 것 사이에 별 상관성이 없는 듯한 표현이다. 마음을 다스리기 위한 일은 요즘 나에게는 그림밖에 없는 것 같다.

5호F 캔버스 보드, 아크릴.

난

오늘은 담백한 그림이 그리고 싶어졌다. 은은하면서도 기품 있는 그림을 그리고 싶어졌다. 난을 그리자. 수묵화로 난을 쳐도 좋으련만, 늘 그리는 방식으로 정갈한 그림은 어떨까 싶었다. 캔버스 화폭은 단순해도 손은 오히려 더 많이 간다. 마음을 흩는 그림이 아니라, 마음이 모아지는 그림이었으면 하여 조용히 난 화분을 그렸다. 여전히 마음먹은 만큼까진 차지 않는다. 그림은 영원히 그럴 것이다. 마음에 못 미쳐 한참을 겨우 뒤따라 흐르는 것일 것이다.

DarBee
21.5

5F 캔버스 보드, 아크릴.

의자 위의 흰 꽃 화분

밝고 환한 그림을 그리고 싶었다. 지금 내가 앉아 그림을 그리는 의자 위에 하얗게 늘어진 꽃, 향기도 짙은 그 자태를 올려놓았다. 창을 통해 들어 온 햇빛은 노랑이다. 빛을 받아 소박한 의자도 밝은색이 된다. 질그릇 화분도 기품이 있어 보이는 빛의 향연이다. 온 사위가 환히 밝고 맑고 향기로워 마음을 씻는 주말 아침의 그림이다. 사실 바깥에는 비가 온다.

장마, 도쿄 그러나 그림은 마음이다.

5F 캔버스 보드, 아크릴.

능소화

능소화는 여름의 대표적 꽃이다. 여느 한옥이나 절간의 담장에 걸쳐 필 때, 이만큼 화려하면서도 격조 있게 어울리는 꽃도 드물다고 생각한다. 아주 오래전, 함께 역사 공부를 하는 가까운 선배와 함께 며칠 차를 몰아 사사로운 역사 유적 답사를 함께 다녀온 적이 있다. 충청도와 전라도 일대를 다녔다. 역사 유적 답사임이 분명했지만, 결국 다닌 곳을 보면 사찰이 제일 많았다. 기억나는 것으로만 동학사, 수덕사, 미륵사지, 전라도로 넘어가서는 내소사, 백양사, 선운사, 더 남쪽의 송광사, 화계사에도 간 것 같다. 오늘 그림 능소화는 그 여름 어느 절간의 담장에 피어 있던 그 능소화이다. 기억은 뚜렷한데 하도 오래된 회상이라 도무지 장소는 특정할 수가 없다. 그림을 그리는 시간, 절간 같이 고요한 우리 집이 더욱 고즈넉하게 느껴진다. 나는 서재 겸 화실에서 여름날 어느 절간의 능소화를 그리고, 거실에서는 간간이 수개월 전부터 스페인어 공부를 시작한 아내의 스페인어 듣기 파일 재생이 들린다. 남도 사찰의 능소화 그림과 스페인어 발음 소리가 의외로 어울려 흐린 여름날, 우리 서울 집 낮시간을 적신다.

5호F 캔버스 보드, 아크릴.

난 화분

동양란이든 소위 양란이든 난은 어딘가 기품이 있다. 따지고 보면 그렇게 화려한 자태를 드러내는 꽃이 아니면서도 그 절제된 아름다움은 꽃 중의 꽃이라 아니할 수 없다. 요즘 자주 그리는 난이다. 아니 그리는 것이 아니라 난을 치는 것이라고 이름하였다. 오늘은 마당에 혹은 연못가에 핀 난이 아니라 화분에 기르는 난의 자태이다. 많은 친구는 난을 정성 들여 기를 텐데 나는 난을 그리기만, 아니 치기만 하고 있다. 난을 기르며 꽃이 피고 지는 일에 마음을 더하는 친구들에게 경의를 보낸다. 난을 기르는 일에 비해 난을 그리는 일은 한참 아래 하수의 일일 것이다. 그래도 이렇게라도 난의 기품과 향기에 빠지고 싶다.

5호F 캔버스 보드, 아크릴.

겨울 바다 소나무

이 가을이 훌쩍 지나면 겨울바람이 불어올 것이다. 백사장에 늘어선 소나무들은 이미 겨울바람을 맞을 준비를 단단히 하고 있을 것이다. 가을바람은 그들의 단련을 위한 감미로운 놀이에 지나지 않을 것이다. 겨울바람에도 수굿이 해변을 지키고 서 있는 그들의 대견함을 그린다. 그들이 그래도 거기에 그렇게 의연한 것은 몇몇 손잡고 바라보는 친구와 이웃이 있어 겨울 바닷바람의 시련도 한결 견딜 만할 것이다. 내가 그린 그림 중에서 스스로 볼 때, 가장 절제되었다. 그래서 제일 담백하다. 서양화를 그리는 캔버스 위에 서양화 물감과 붓을 사용하고 있지만, 나름 동양화를 그린다는 마음으로 어쭙잖은 그림을 그렸다. 그동안의 방식에서 좀 멀어지니 그림 그리는 마음이 새로운 것은 사실이다.

5F 캔버스 보드, 아크릴.

가을 정원

쌀쌀해졌다. 가을이다. 어느 곳, 어느 집이던가. 가을 정원이 문득 생각난다. 은행나무 한 그루가 드리워져 있고, 가꾸지 않은 정원에도 가을 색이 짙다. 넓지 않은 정원에 바람이 분다. 아무렇게나 놓인 낡은 의자 두 개가 그 가을 한가운데 있다. 오래되어 아무도 앉을 수 없을 것 같은 의자는 낙엽 몇 잎을 앉혀 두었다. 그러나 곧 낙엽도 갈 바람에 훌훌 다시 떠날 것이다. 이 가을이 다 가기 전에 거기 낙엽은 또 앉았다가 또 떠나기를 거듭할 것이다. 누구나 가을에는 '김현승'과 '릴케'를 생각한다. 누구라도 향하여 기도하고 싶어서 일 듯하다. 어느 나이, 어느 세대의 우리도 가을에는 정녕 우리의 가을이 이제 몇 번이나 더 남았을까 생각할 것이다.

5호F 캔버스 보드, 아크릴.

구석 자리 화병

그림이 어둡다. 그런데 참 이상한 것은 어두운 그림을 그리거나 본다고 해서 꼭 마음이 어두워지는 것은 아니다. 반대로 밝고 화사한 그림을 그리거나 감상한다고 역시 마음이 환해지는 것도 아니다. 내 경험이지만 그런 생각이다. 차라리 마음이 가는 대로 그림을 그리거나 보는 것이 오히려 마음을 가볍게 한다는 것이다. 어제 한국의 친구가 그림 몇 점을 보내 주었다. 그 그림 중 한 점이 이번 그림의 모티브가 되었다. 어두운 그림을 그리며 기분이 어찌 될까 했는데 편안해진다. 내일부터 다시 바쁜 한 주간, 침잠하는 그림에로의 쉼이다.

5F 캔버스 보드, 아크릴.

2021년 10월 18일 아침 연구실 창밖

내가 지금 우리 대학으로 부임한 후, 가장 마음에 드는 것 중 하나가 요코하마 캠퍼스에 마련된 내 개인 연구실 창밖이다. 매일 이렇진 않지만, 가끔 그녀(후지산)는 이런 자태로 나를 맞는다. 그동안 코비드의 방해로 거의 2년 영토를 잃었다. 들러도 서둘러 볼일만 보고 돌아서는 생활이었다. 아주 오랜만에 지난 10월 18일 대면 수업이 재개된 날, 출근하여 창문을 활짝 열었다. 자주 볼 수 없던 모습이다. 날 반기듯이 창밖에 서 있다. 정녕 내 그림의 묘사가 그녀의 자태를 그리기에 턱없이 모자란다.

5F 캔버스 보드, 아크릴.

한옥 창가에

창호지 창가에 화병을 놓았다. 아무렇지도 않게 한 움큼 가져다 한 꺼번에 꽂은 꽃이 멋지지는 않아도 마음의 운치는 있을 것이다. 사실 한옥의 창가에 화려한 화병은 어울리지 않는다. 난 한 촉 화분이나 국화꽃 한두 송이가 더 나을지 모른다. 그러나 분명 서양화풍의 그림이니 나름 화사한 꽃 화병을 놓았다. 몸은 도쿄에서 그림을 그리지만, 마음은 자주 한국의 정취에 머문다. 아마도 향수일 것이다. 며칠간 일본에서 내는 에세이집, 대면 강의 준비, 이어지는 회의 등으로 그림을 그리지 못했다. 붓 놀림이 둔해진 느낌이다.

5F 캔버스 보드, 아크릴.

뒷문 앞에서

가을 뒷덜미를 잡았다. 아마 오늘 새벽이 올가을, 초겨울 제일 추운 날이 될 듯하다. 어젯밤 서울 일원에는 첫눈이 흩날렸다고 한다. 넓고 썰렁한 집안 공기는 차다. 겨울 냄새를 맡는 설렘과 함께 처연한 가을의 뒷자락이 더욱 허전하다. 지난 기억을 더듬는다. 언젠가 젊은 날 가을, 길을 지나가다가 무심히 발을 들여놓은 집, 그 뒷문을 기억해 낸다. 문은 반쯤 열려 있고, 인적은 드문 한식 저택의 뒷문이었다. 누군가 쓴 심리에 관한 글을 읽은 적이 있다. 열려 있는 문안으로 성큼 들어서고 싶은 이는 도둑이 아니요, 들어서지 못하고 머뭇거리는 이가 정작 도둑이라는. 또한 정녕 도둑은 열려 있는 문안으로 들어서기를 꺼리고, 오히려 단단히 잠긴 문을 도모한다는…. 그런 심리의 일단을 알 듯도 할 것 같다. 대문은 걸어두고, 뒷문은 이렇듯 반쯤 열어둔 집은 발을 들여 뒤뜰을 돌아보아도 넉넉한 인심, 푸근한 인정이 있을 집이다. 지난여름, 푸르던 잎은 진한 갈색, 내 눈엔 붉은 울음으로 작별을 고했다. 그리고 이제 오늘 새벽처럼 첫 겨울바람이 세차게 부는 날, 마침내 손을 놓고 손을 흔들며 홀연히 하직하리라. 오늘 새벽의 그림은 기억 속의 어느 집 뒷문 앞에 서서 지난가을과 서럽게 붉은 작별을 고하는 마음이다. 우리 가슴속에 남은 설움, 남은 절망, 남은 고통을 이왕이면 다 거두어 선선히 그렇게 손들어 흔들며 떠나가기를…. 가을 안녕히.

5호F 캔버스 보드, 아크릴.

우리 집 뜨락 은행나무

아파트에서 뜨락이라는 말을 써도 되는지 모르겠다. 우리 집 테라스
에서 바라볼 때 바로 눈앞에 뒷산을 배경으로 홀로 선 은행나무의
오늘 자태이다. 오랜만에 상상도 사진도 기억도 아닌 내 눈으로 직
접 바라보며 그리는 진경 풍경을 그렸다. 나무, 산, 하늘 그런 자연
을 생생하게 눈앞에 두고 그릴 때, 설렘은 더 진하다. 인물화도 모델
을 앞에 두고, 정물화도 실물에 시선을 두고 그리는 그림이 더욱 옳
다고 생각한다. 풍경 그림도 비록 사소한 우리 집 울안의 나무 한 그
루지만, 생생히 눈앞에 두고 그리는 그림은 느낌은 살아 움직이고,
손은 더 떨려 어눌해진다. 가을빛이 더하고 더하여 이제 다시 떠날
채비를 한다. 뒷산 빛깔은 이미 가을 색을 흩기 시작했고, 산을 배경
으로 외롭게 선 우리 은행나무도 이미 잎새를 많이 떠나보내고 있
다. 떠나는 이들과 작별하듯 한 붓, 두 붓 노랑을 찍었다. 마음은 허
허롭고, 풍경과 그림도 함께 적적하다. 바람 한 줄기가 휙 지난다.

5호F 캔버스 보드, 아크릴.

지금쯤 그 절의 은행나무엔

은행 나무하면 대개 가로수로 늘어선 은행나무를 생각한다. 나도 그렇다. 그런데 그 어느 해인가 바로 이맘때 그 절의 은행나무는 정녕 홀로 베푸는 노란 자비였다. 그로 인해 온 누리는 '노오란' 세상이 되었다. 도쿄의 은행나무 빛도 곱다. 도쿄에도 이름난 은행나무길이 여럿이다. 그런데 문득 지금도 그 절의 은행나무는 그렇게 홀로 샛노란 세상을 여전히 만들고 있으리라 생각한다. 몇 차례 물감도 거의 쓰지 않고, 붓도 한두 자루만 쓰는 동양화 같은 그림을 그렸다. 오늘은 반대로 노란 물감은 물론 여러 빛깔 물감을 물 쓰듯이 썼다. 색을 입히고, 또 입힌 그리고 또 그 위에 다시 노랑을 덧입힌 마티에르 두터운 그림이 되었다. 세월이 얼마인지도 헤아리지 못할 은행나무의 연륜과 규모를 강조하다 보니 은행잎을 부질없이 쓸고 또 쓸고 있는 동자승의 몸집이 너무 작아 다람쥐 크기가 되고 말았다.

5F 캔버스 보드, 아크릴.

푸른 화병

흰 꽃과 푸른 화병의 존재감만 드러났으면 하는 화병 그림이다. 아
무 생각도 계획도 없이 캔버스 앞에 앉았다. 그냥 마음과 몸을 쉬고
싶은 기분으로 붓 가는 대로 화병을 그린다. 명암도 원근도 거의 무
시하고, 푸른 화병과 흰 꽃만 그린 그런 마음의 그림이다.

5F 캔버스 보드, 아크릴.

따뜻한 오두막

이 그림이 우선 춥게 느껴지는지 따뜻하게 느껴지는지 보아주기를. 적어도 영하 20도는 넘는다. 눈은 최소한 무릎 이상 쌓여있다. 바람도 거칠다가 어둠이 내리면서 오히려 조금 잦아들었다. 오두막이 서 있는 벌판에는 쌓인 눈으로 경계의 구분이 어렵다. 그러나 하늘은 몇 조각구름 이외엔 맑다. 곧 별빛이 쏟아져 내릴 것이다. 저녁 하늘에는 노을빛과 막 내리는 어둠이 뒤엉켜 빨강, 보라, 노랑, 푸름이 엇섞인다. 결국 전체적으로는 검은 보랏빛 하늘이다. 나무는 이고 선 눈에 휘청거리고, 오두막도 곧 쓰러질 듯하다. 그러나 이 그림은 나에게 아주 따뜻하다. 두 가지 때문이다. 우선 오두막 본채와 별채의 창으로 새어 나오는 노랑, 빨강의 작은 불빛이다. 그리고 오두막 지붕 위 굴뚝에는 모락모락 연기가 피어오른다. 나에겐 따뜻한 정경이다. 그런 마음으로 거친 붓 길로 혹독한 겨울을 그린다.

5F 캔버스 보드, 아크릴.

밤의 화병

새벽에 잠이 깨어 거실로 나왔을 때, 창틈의 미명으로 바라본 화병의 기억이다. 어두울 바에는 아예 빛이 없는 공간의 그림이 어떨까 했다. 오래전 새벽 미명에 한참을 그렇게 바라본 화병의 기억을 소환해 내었다. 어쩌면 옅은 혹은 아예 빛이 차단된 조도에서 꽃은 더 빛날 수 있다는 것이다. 비록 스스로 발광하여 빛을 내지는 못해도 주위의 가늘고 희미한 빛과 빛을 다 모아 자신의 미색을 드러내는 꽃의 근기이다. 바로 이때 꽃의 향기도 더욱 발휘되는 것을 안다. 어두운 시대의 터널 안에서 그대와 나, 우리 모두는 한 송이, 한 송이 꽃이 되어 보자.

5F 캔버스 보드, 아크릴.

5월 난초

계절감 파괴 그림이다. 도대체 시절이 맞지 않는 그림을 그린다. 나는 시즌 테러리스트이다.

어제 종일 찬비가 오고, 오늘은 활짝 날씨가 개었다. 빛나는 겨울 햇살을 바라보다가 문득 5월의 초록을 기억한다. 그리고 거기에 고개를 든 보랏빛 난초꽃. 배경이 되는 초록은 은근한 실루엣으로 감추고 싶다. 겨울 한가운데에서 5월을 그리는 켕기는 심정이랄까. 그래도 계절 정도야 얼마든지 기분에 따라 종횡 난무한들 누가 무어라 하랴. 바쁜 일정을 보내고 있는 일본 대학의 학기 중에 마음만 더욱 서두는 한 해의 마지막 달, 오랜만에 캔버스 앞에 앉을 짬을 내었다. 겨울에 꿈꾸는 5월 난초이다.

5F 캔버스 보드, 아크릴.

꽃

꽃을 그린 것이 아니라 역시 캔버스에 물감을 그냥 찍어 바르듯이 칠했다. 꽃이 정녕 피었는지, 꽃이 스스로의 아름다움을 감추었는지 도무지 모르겠다. 그림을 그릴 기분은 아니다. 오늘 코비드 감염자 수가 일본 전국 3만 이상, 도쿄만 7천을 넘어 또 기록 경신이다. 인류는 가장 작은 생명체, 아니 바이러스와 싸우고 있다. 아직은 끝이 보이지 않는다. 마음도 몸도 지쳐가는 사람들을 바라본다. 나부터 그렇다. 희망은 놓지 않겠지만 터널 끝이 보이지 않는다. 아무 생각 없이 그림을 시작하면 대개 꽃 정물이 되기 십상이다. 버릇인가 보다. 그러나 오늘은 정말 꽃을 그리지 않았고, 꽃과 같은 모양으로 물감을 찍어 나갔을 뿐이다. 다시 외출도 끊었다. 모든 것을 와이파이에만 의지하고 있다. 햇볕을 쬐지 않는 것만으로 몸도 마음도 우울의 그늘이 더욱 깊다. 그림도 그렇다.

5F 캔버스 보드, 아크릴.

컵에 꽃

아무 생각을 더 하지 않고 그림을 그렸다. 캔버스 앞에 앉을 때까지
머릿속은 하얗고 마음도 휑했다. 붓 가는 대로 이 색 저 색 더하여
바탕칠을 했다. 언제나 말하지만 그림은 마음의 것이다.

어둡고 깊은 보랏빛이 드러났다. 꽃을 그리자 마음을 다잡았다. 화
병까지 그리기는 내키지 않고, 가끔 꽃을 꽂은 짙은 빛깔의 머그컵
을 그렸다. 그리고 꽃을 그린다. 내 마음 딴에는 꽃만은 밝고 환하게
그리자 자기 최면을 걸어가며 그렸다. 그렇다고 맘먹은 대로 그렇게
밝은 꽃이 피어나지 못했다. 우울의 때를 다스리며 기도처럼 그림을
그렸다. 며칠 상당히 뜸을 두고 겨우 힘을 내어 그림을 그리다.

5F 캔버스 보드, 아크릴.

창밖에는 눈 오고요

창밖에는 눈도 오고 바람도 분다. 창틀에 미리 봄을 놓아둔다. 그런 마음으로 살아간다. 그림은 소박한 분위기, 흐린 색감, 화려하지 않은 모양에 유의했다. 미리 부르는 봄의 교향악.

5F 캔버스 보드, 아크릴.

초원의 빛, 꽃의 영광

봄을 그린다 하면서 정작 저 초원의 진정한 빛을 잊었다. 아름드리 나무 밑에 짓밟히듯이 피어나 스스로 정녕 초원의 빛이고 꽃의 영광을 노래하는 이름도 없는 풀꽃들. 화려한 자태를 자랑하는 빛나는 빛깔의 꽃보다 이들이 이고 있는 하늘이 초원의 참다운 영광이리라. 인간인들 다르랴. 역사의 빛이여, 사람의 영광이여. 역사의 질곡에서 세월의 수레바퀴, 그 차륜 밑에서 근근이 목숨을 이어가는 수많은 민중의 꿈이 정작 역사의 빛일 것이다. 민중과 민초와 이름도 빛도 없는 이들을 향한 역사의 새로운 빛을 봄을 기다리듯이 기다린다. 어릴 적 외우던 윌리엄 워즈워드의 시구를 되뇌어 본다.

한때는 그리도 찬란한 빛이었건만
이제는 속절없이 사라진
다시는 돌아올 수 없는
초원의 빛이여, 꽃의 영광이여!

5F 캔버스 보드, 아크릴.

눈밭에서

덮는다고 다 덮어질까마는 온 세상을 흰 눈으로 다 덮은 눈밭 풍광
이다. 발자국과 그림자만을 남기고 하염없이 걸어가는 나그네, 눈
의 세상에서 사람도 결국은 한 이방인일 뿐이리라. 입시 기간 중 원
로 교수, 특별 휴일로 하루를 쉰다. 피곤도 쌓였을 뿐 아니라 어떻든
담백한 그림을 그리고 싶었다. 서양화 캔버스 위에 서양화 물감으로
동양화를 그렸다. 여러 차례 그렇게 해보기도 했으나 여전히 불완전
한 시도이다. 젯소와 검은 물감 조금, 붓 두 자루, 한 시간 그림 시간
이 전부 다이다. 마음을 쉬는 그림일 뿐이다.

5F 캔버스 보드, 아크릴.

3장

일본, 상념과 풍경들

꽃 그대, 거기 피었는가

봄볕이 화려하다. 이제 일본의 벚꽃은 만개이다. 꽃은 참 신비롭다. 밝은 마음으로 보면 그 빛이 더 빛나고, 어두운 마음으로 보면 그 빛이 더 진하다. 우리 마음을 제일 잘 받아들이는 물상이다.

오늘 꽃은 밝지도 어둡지도 않은 심상함으로 본다. 무심하게 너 거기 피었는가 하고, 단 꽃을 한 묶음의 군락으로 바라보지 않고 힘겹게 피어오른 꽃 가지를 유심히 가까이 본다. 순간 아름다움에 다다라 힘껏 피어나기 위해 혼신을 다해 목숨을 건, 그 미의 정점에 숨이 딱 멈추며 무뚝뚝하고 시무룩하던 마음에 눈물이 어린다. 눈물 눈으로 보는 꽃은 오늘 그림처럼 흐릿한 형상이다. 배경도 흐리고, 정작 초점을 맞춘 꽃마저 형이 뚜렷하지 않다. 정녕 마음으로 보는 꽃이다. 이 봄에도 어김없이 꽃이여 그대, 거기 그렇게 피었는가. 물감을 10분의 1도 쓰지 않았다. 젯소, 연분홍, 검정과 황토색, 모두 아주 조금 쓰는 둥 마는 둥 했다. 캔버스 위의 서양화풍이 분명한데, 도화지 위의 흐린 수채화, 아니면 화선지 위의 엷은 채색의 동양화 같다. 그린 그림을 다시 심상하게 무뚝뚝하고 시무룩한 마음으로 바라본다.

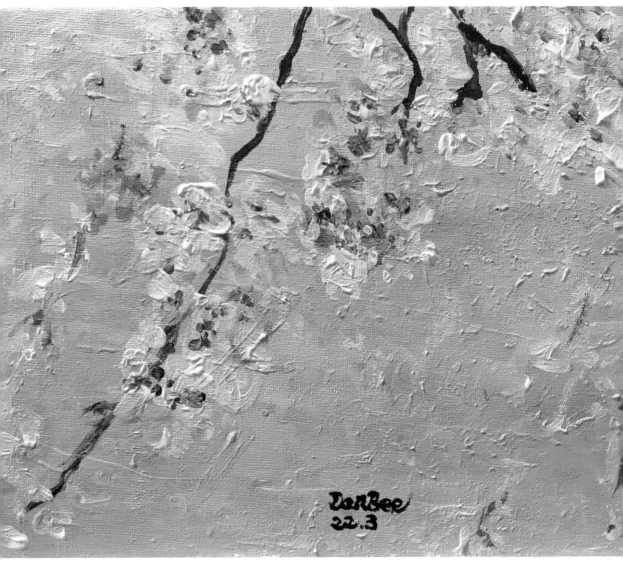

5F 캔버스 보드, 아크릴.

오키나와에 가고 싶다

바다를 보고 싶다. 바다에 가고 싶다. 바다를 그리고 싶다. 오늘은 푸르고 깊은 바다, 기억의 바다를 그렸다. 아마 내가 제일 남쪽의 바다를 직접 가본 곳은 인도네시아 발리섬의 바다이다.

그다음이 타이 그리고 타이완의 카오슝 바다일 것이다. 그러나 남쪽 바다의 기억이 가장 강렬한 곳은 오키나와섬에서도 한참 더 남쪽으로 내려간 이시가키지마로 각인되어 있다. 오키나와를 적지 않게 다녀왔지만, 이시가키지마까지 간 것은 딱 한 번, 역사 공부하는 평생의 동지들과 함께였다.

오늘은 오키나와의 제일 유명한 바다, 나하에서 멀지 않은 곳, 코끼리 바위(만좌모)를 그렸다. 아마 오키나와를 다녀오고 기억하는 친구들은 다 아는 곳일 것이다. 이 바위를 모르면 오키나와 다녀온 것이 아니다. 남국의 바다는 더 푸르다. 더 깊다. 지금도 오키나와는 코비드 팬데믹으로 여전히 위험하다. 전쟁과 평화의 섬, 언젠가 홀가분한 마음으로 꼭 다시 다녀오리라.

5F 캔버스 보드, 아크릴.

이시가키지마(石垣島)의 추억

오키나와는 여러 번 갔으나 이시가키지마는 딱 한 번 다녀왔다. 이시가키지마는 오키나와에 속하여는 있지만, 나하에서 400킬로미터 이상 남서쪽으로 더 떨어져 있는 섬이다. 국내선 비행기로 다시 이동해야 한다. 타이완과는 오히려 서쪽으로 200킬로미터 거리이니 기후나 환경이 더 가까울지 모른다. 일본에서도 정평이 나 있다. 일본 영토의 바다 중, 가장 아름다운 빛깔의 바다로 유명하다. 그리고 소위 이시가키 큐우(石垣牛)라는 쇠고기가 또한 유명하다. 감히 회상 여행에서 이사가키지마의 바다는 그리지 못하겠다. 그 빛깔과 느낌을 도저히 가깝게 표현할 자신이 없다. 역시 내가 일생 본 바다 중에서는 가장 푸르고 넓고 깊고 밝고 투명하고 빛났다. 그런데 멋진 이시가키지마 여행에서 마음 아픈 경험이 조금 있다. 사실 이시가키지마에서 배를 더 타고 건너가는 다케토미지마(竹富島)의 물소 차가 또 유명하다. 그래서 나도 다케토미지마로 배를 탔다. 역시 풍광은 아름다웠으나 물소 차는 동물 학대였다. 한 마리의 물소가 큰 마차에 열 명 이상의 사람을 태우고 마을을 도는 것이다. 갔으니 타기는 했으나 마음이 편치 않았다. 더구나 그 힘겨운 물소와 이시가키지마의 유명한 쇠고기가 오버랩되면서 인간이란 참, 하는 한숨이 나온 기억이 있다. 오늘은 그 그림이다. 아름다움과 애잔함을 함께 캔버스에 표현하고 싶었다. 이시가키지마에서도 더 남쪽일 것이다. 다케토미지마의 마을은 그림 같고, 물소는 힘겹다.

5F 캔버스 보드, 아크릴.

교토의 노면전차

오늘의 회상 여행은 내가 공부한 곳인 교토로 다시 간다. 내가 알기로 우리 세대가 초등 시절인 1960년대에 서울의 노면전차는 멈춘 것으로 안다. 내가 1980년대에 일본 유학을 왔으니 내가 어릴 적 보고 타고 한 노면전차를 20여 년 만에 다시 본 것이다. 처음 유학을 와서 일본어가 조금 된 후에는 그저 돌아다니는 것을 공부로 삼았다. 특히 내 살던 교토에선 자동차를 몰고 중심부는 물론, 교토의 동서남북 변두리 구석구석까지 샅샅이 다니며 길을 익혔다. 네비게이션도 없던 시절, 지도책 하나만 들고 길을 다 외우고 다녔다. 교토북쪽 지역에서 처음 노면전차를 만났다. 얼마나 반갑고 낭만적인 느낌이었는지 모른다. 오죽하면 한참을 노면전차의 노선을 따라 그 뒤를 졸졸 자동차로 따라다니기까지 했다. 고색창연한 교토, 사원과 신사와 역사적 건물 앞을 땡땡땡 노면전차가 달리는 모습은 그 아니 멋스럽지 않을 수 없다. 노면전차는 정녕 우리들 기억, 회상, 로망의 노스탤지어이다.

5F 캔버스 보드, 아크릴.

시코쿠(四国) 가는 길, 세도하시(瀬橋)

일본 열도 네 개의 큰 섬은 다리와 터널 등으로 다 연결되어 있다. 제일 큰 섬인 혼슈에서 제일 작은 섬인 시코쿠를 가려면, 세토나이카이(瀬海)라는 아름다운 바다를 이 다리를 타고 건너야 한다. 물론 예전에 이 다리가 없었을 때는 배였으리라. 내가 이 다리를 제일 먼저 건넌 것은 유학 시절이다. 벌써 30년도 더 넘었다. 여름방학 때, 식구 모두 자동차를 태워 내가 직접 운전하여 바다를 건넜다. 저녁 무렵이었다. 다리를 건너 제일 먼저 도착하는 시코쿠의 도시, 마루가메(丸亀)의 마루가메성(城) 바로 옆 호텔에서 일박하고, 그다음 날부터 시코쿠 일주에 나섰다. 해산물이 무척 맛있고, 비교적 날씨가 좋으며, 풍광이 아름다운 곳이다. 그리고 처음 도착하는 가가와(香川)현에서는 무조건 그 유명한 가가와 우동을 먹어야 한다.

이 시대는 회상 여행을 해야 한다.

5F 캔버스 보드, 아크릴.

오미하치만의 봄(近江八幡の春)

지난 3월말 칸사히 지역의 봄이 한창일 때, 비와코(琵琶湖) 가까운 시가현의 역사 깊은 도시 오미하치만시를 여행했다. 학회 출장이었다. 막 벚꽃이 피고, 버드나무 가지가 늘어지기 시작한 때, 더구나 학회 세미나 시작 전날, 역사 도시의 필드워크에 참여했다. 도시를 흐르는 옛 강가에 봄꽃이 피고, 버들은 늘어졌으며, 바람은 감미로웠다. 일본의 강은 좁으나 깊다. 푸른 물결 위에 사공은 배를 띄워 노를 젓는다. 외지에서 온 이들이 몇몇 배에 올라, 사공의 노 리듬에 실려, 강변의 꽃과 나무, 역사에 넋을 잃었다. 우리는 나무 다리를 건너 오가며, 강물의 가까이, 그리고 먼발치를 종일 돌아다녔다. 유서 깊은 도시의 건물과, 봄과, 꽃과 나무, 그리고 배와 다리와 거기의 사람까지, 내 기억의 공간에는 구분을 잃고, 함께 겹쳐 저장되었다. 그 장면을 캔버스로 불러내었다. 그러나 형상은 희미하고, 색감만 돋아 오른다. 원근도 애매하고, 음영은 더욱 희미하다. 오직 색과 빛만 선명히 떠오른다. 지난 봄 어느 날 오미하치만의 봄 풍광이다.

14*11인치 캔버스보드, 아크릴.

도쿄 핫포엔의 밤 벚꽃

올봄 사쿠라 안녕, 도쿄에도 사쿠라가 거의 지고 있다. 지난 번 손주 유유가 왔을 때 함께 간 도쿄 요자쿠라의 명소, 핫포엔. 손자가 이미 지 솜씨로 그린 그림의 소재이다. 영, 유유의 표현 능력에 못미치는 것 같다. 유유는 과감한데, 나는 어느 정도 소심하다. 유유는 모던과 추상을 알아보는데, 나는 아직 리얼리즘을 다 벗어나지 못한다. 보아 느끼는 대로 그리고자 함에도, 나는 아직 밤 벚꽃은 이래야 하며, 이럴 것이라는 관념에 젖어 있다. 그 선입감으로 장면을 보고, 기억하고, 그림으로 옮기고 있다. 자괴감이 드는 그림이지만, 일단 올봄 사쿠라와는 이로써 작별을 하자. 이미 우리 대학은 개강을 했고, 내 과목들은 월, 화요일에 첫 강의를 시작한다. 바쁘면 오히려 그림이 더 그려질 것 같은, 희망적 예감에 젖는다.

14*11인치 캔버스보드, 아크릴.

파란 봄

봄이 왔다. 파란 봄이 왔다. 아직도 먼 길을 가는 고난의 땅에도 봄
이 온다. 전쟁과 역병과 단절과 죽음의 자락에도 봄이 파랗게 왔다.
일본의 근현대사를 가르는 8.15와 그밖에 또 하나, 딱 날짜 하나를
대라면 역시 3.11이다. 11년 전 오늘이다. 내가 또한 일본의 대학으
로 소속을 옮긴 것이 그 이듬해 봄이니, 내가 일본에 다시 산 지 10
년이 된 봄 즈음이다. 지진의 땅에도 원자력 폐허의 땅에도 다 헤아
릴 수 없는 희생의 땅에도 아직 주검조차 찾지 못한 수천의 안타까
운 상실의 땅에도 어김없이 파란 봄은 왔다. 감염병의 어두운 터널,
아직 죽음의 그림자가 어른거리는 세계에도 파란 봄이 이미 와있다.
우리 그토록 무거운 가슴에도 봄이 파랗게 왔다. 어두운 마음, 무거
운 붓을 들어 되도록 가볍고 명랑하게 산뜻한 붓 길을 놓으려 했다.
마음을 파랗게 경쾌하게 가지려 했다. 하늘이 모두 봄 위에 내려앉
았다.

5F 캔버스 보드, 아크릴.

교토 료안지 석정의 봄

한국에서는 결코 보기 힘든 정원이다. 절간 마당에 축소한 작은 산을 몇 개 상징해 두고, 깊은 명상에 잠기는 것이다. 나의 한일 간 사고, 문화, 종교 비교에서 자주 쓰이는 예이다. 일본은 자연을 울안으로 들이고, 한국은 자연 한가운데로 나아가 어울린다. 깊은 심야에 오래전 기억을 떠올리며 료안지 석정을 다시 그린다. 아마 2년 전 그린 료안지 그림은 겨울이었을 것이다.

5호F 캔버스 보드, 아크릴.

도쿄의 뒷골목

세계 어느 도시가 그렇지 않겠냐마는 도쿄도 뒷골목을 살피지 않고
는 도쿄를 안다고 할 수 없다. 특히 일본은 일본어로 시타마치(下
町)라고 부르는 서민 동네의 뒷골목이 매력 있다. 한국 친구들에게
도 인기가 있는 드라마 〈심야식당〉이니, 〈고독한 미식가〉, '이자카야
보타쿠리'(居酒屋ぼったくり, 바가지 선술집) 등등이 모두 시타마치
가 그 무대이다. 일본은 오래된 것에 대한 향수, 로망, 때로 집착이
큰 문화이다. 이것이 일본의 발전이나 혁신의 걸림돌이 되기도 한
다. 그러나 한편으로 사람 사는 오래된 역사의 냄새를 간직하는 점
에서 좋은 점이기도 하다. 나는 일본살이에서 기회가 있을 때 외식
은 물론, 정취 깊은 시타마치를 참 좋아한다. 다만 내 사는 동네 가
까이에선 주로 멀리 떨어져 있는 것이 아쉽다. 그러나 유학 시절부
터 최근에도 기회가 있으면, 시타마치 일본을 찾으려 노력한다. 이
자카야 하나만 해도 아직도 지역과 가게에 따라서 메뉴는 가게주인
에게 맡기고, 그날의 값도 오직 주인만 아는 식의 그러나 혹 소심한
바가지를 써도 훈훈한 그런 멋이 남아 있다.
그림으로 그리려 하니 사실 무척 어렵다. 그림 완성까지의 시간도
제일 오래 걸린 듯하다. 기억 속의 뒷골목이 합성된 표현일 것이다.

5F 캔버스 보드, 아크릴.

북해도 푸른 연못

추석날 아침 그림 나들이이다. 한국에 못 나가는 김에 기분으로 북해도에 가본다. 북해도 절경 중에 널리 알려진 시로가네 온천 아오이이케(青い池)이다. 도대체 어떻게 연못이, 호수가 이렇게 푸를수 있을까 감탄을 자아내게 하는 곳이다. 사실 이 푸른 연못의 대표적 절경은 겨울이다. 온 누리가 흰 눈으로 뒤덮인 때에 호수는 가장푸르다. 주변 시로가네 온천의 영향으로 연못 물이 얼지는 않는 듯, 사방의 눈과 나무만 연못 머리에 이고 비추는 경치이다. 사실 이 연못은 자연이 아니다. 인공호수이다. 수해 방지를 위해 쌓은 제방으로 만들어진 이른바 수몰 지역 호수이다. 그래서 물에 잠기면서 생명을 다한 자작나무 군락이 사시사철 그 흰 살을 드러내고, 호수에늘어 서 있는 모습이 그야말로 절경이다. 나름 이 모습은 처연한 아름다움 같은 경치이다. 자작나무의 주검이 만들어 낸 비애미 같은것이다. 가끔 내 눈에는 슬프도록 아름다운 것에 더 마음이 갈 때가많다. 언젠가 이곳 정경을 겨울 그림으로 그린 적은 있다. 오늘은바로 이맘때 계절의 아오이이케이다. 역시 운치가 덜하다, 겨울이비하여.

5F 캔버스 보드, 아크릴.

눈의 도시

일본의 북북서 지방은 완전히 설국이다. 도쿄는 눈 구경을 못 했지만, 연일 뉴스 화면은 눈 세상이다. 도무지 눈의 도시를 그리지 않을 수 없다. 최근 나는 동료이자 친구에게 남설(南雪)이라는 호를 지어 선물했다. 일본에는 그런 습속이 없지만, 완전 한국식으로 연말 모임에서 호를 선물한 것이다. 무척 좋아했다. 나의 호 짓는 버릇이기도 하지만, 역설적, 패러독시컬한 의미를 조합하는 방식은 여전히 그대로이다. 즉, 앞의 '남설'도 그렇다. 우선 주체가 되는 눈은 차고 시리다. 춥고 거세기도 하며 동토 그 자체이다. 그러나 남녘 남의 뜻은 그 반대이다. 따뜻하고 온화하다. 부드럽고 감미롭기까지 하다. 두 반대어가 만나 다이내믹한 에너지와 조화를 뜻한다. 따뜻하고 온화한 눈이다. 그렇다, 눈은 때로 온기 가득하다. 북방 에스키모의 이글루를 생각한다. 눈과 얼음으로 그들 최상의 안온한 보금자리를 만든다. 도시가 눈 속에 묻혔다. 빌딩의 상점가에는 밝고 따뜻한 붉은 빛이 흐른다. 아직 남은 잎으로 남아 흩어지던 가랑잎 위로도 눈이 덮였다. 사람들은 총총 거리를 오간다. 코트 깃은 세웠으나 그들 마음 안에는 사랑과 희망 같은 온기가 가득하다. 그들의 마음과 표정을 모두 검은 형상 안에 감추어 두었다. 추운 겨울 도시 거리에 눈이 한껏 내려 오히려 따뜻해졌다.

5F 캔버스 보드, 아크릴.

사찰의 겨울

눈 풍광이다. 대상이 된 절은 일본 야마구치현 하기시에 있는 도코
우지(東光寺)의 눈 풍경이다.

나는 솔직히 일본에서 야마구치현은 별로 좋아하지 않는다. 일본 근
대 역사의 중요한 역할을 한, 이른바 조슈번 지역이지만, 한편으로
일본의 한국 침략을 주도한 인물들, 더불어 메이지 시대 일본 정치
를 주름잡은 많은 인물의 출신지이기 때문이다. 이토 히로부미, 데
라우치 마사다케를 비롯한 여러 조선 총독들, 그 밖에도 여러 인물
이 여기서 났다. 최근에도 일본 정치 보수진영의 중심 지역인데, 대
표적으로 오랫동안 일본 총리를 지내며, 한일관계의 부정적 영향을
미친 아베 신조도 야마구치 출신이다. 오래전 유학 시절, 대단히 씁
쓸한 기분으로 야마구치를 돌아보았고, 관련 인물들의 기념관, 박물
관도 살핀 적이 있다. 그때 오래된 사찰인 도코우지도 들린 적이 있
다. 눈 풍경을 그리며 야마구치현, 일본 역사의 조슈번을 다시 생각
한다. 물론 야마구치의 자연과 그곳에 사는 다수의 민중에겐 특별한
이의가 없다.

5F 캔버스 보드, 아크릴.

일본교

아마 지금까지 내가 본 다리 중에 도쿄의 '니혼바시'(日本橋)가 제일 멋진 다리 중의 하나일 것 같다. 그러나 지금은 바로 그 다리 위를 고가도로가 지나는 바람에 경관을 완전히 망친 다리이기도 하다. 일본교를 그리되, 옛 풍광을 상상하여 그렸다. 즉, 고가도로를 지우고, 배경이 되는 풍경도 옛것으로 상정했다. 그리고 오늘 그림은 내가 그동안 그려보던 그림 방식이 아닌, 나름은 새로운 화법이다. 우선 사물을 되도록 명료하게 묘사하기보다는 느낌만 살려 물감을 찍어 나갔다. 그리고 전체적인 색감도 마음에 떠오르는 보라 이미지로 주제화시켰다. 하늘도 강물도 실제라기보다는 표현하고픈 느낌뿐이다. 자유로운 느낌이 들었다

5F 캔버스 보드, 아크릴.

눈 속의 꽃

일본의 키타쿠니(북국)에는 대설이다. 도쿄는 눈은 오지 않았으나 어젯밤, '후유노아라시'라는 겨울 폭풍이 불었다. 지금은 활짝 개었으나 밤새 잠을 설칠 정도의 거센 비바람이었다. 고국에도 여기저기 눈이 내린 모양이다. 눈과 꽃을 그리고 싶었다. 꽃이 핀 위에 눈이 내린 것인지, 눈 속에서 꽃이 핀 것인지는 분간이 안 된다. 그림으로는 먼저 꽃을 피우고, 그 위에 눈을 덮었다. 표현이 참 어려운 그림이다. 젯소와 다른 흰 물감을 물 쓰듯 써도 마음먹은 빛이 드러나지 않는다. 나름 크게 실패한 그림으로 여겨진다.

5F 캔버스 보드, 아크릴.

메이지가쿠인대학 크리스마스트리

우리 대학 크리스마스트리 점등식을 했다. 역사기념관 앞 잔디 광장의 크리스마스트리이다. 성탄을 기다리는 계절이다. 마음을 안온하게 하고, 크리스마스트리 그림을 그렸다. 우리 대학의 역사기념관은 언제 보아도 참 아름다운 건물이다. 간혹 이 건물을 스케치하러 오는 이들도 많다. 아름다운 만큼 그리기는 참 어렵다. 나도 몇 차례 시도하지만, 늘 마음에 차지 않는다. 자, 오늘 크리스마스트리 그림으로 모두에게 성탄 인사를 대신 나눈다. 메리, 메리, 메리 크리스마스!!! 모두에게 평화 있으라.

5F 캔버스 보드, 아크릴.

도쿄 우에노 국립서양미술관

내가 도쿄에서 제일 좋아하는 곳 중 하나가 우에노의 미술관, 박물관 군집이다. 그중에서도 이곳 국립서양미술관은 내가 요즘 그리고 있는 그림의 교과서들이 즐비하고, 작품이 풍부한 미술관이다. 코비드 시대가 아니라면 틈만 나면 가서 하루 종일 거기서 공부를 하고 있었을지도 모른다. 이곳에 다녀온 지 얼마나 되었는지 모르겠다. 서울의 친구나 가족이 오면 웬만하면 같이 가거나 가보기를 권고하는 곳이 우에노 미술관, 박물관들이다. 가장 최근이 한국의 둘째 딸 부부가 도쿄에 다녀갔을 때 같이 간 것이니 벌써 수년이다. 자동차로 30분이면 갈 수 있는데, 그중에서도 오늘 그린 미술관, 국립서양미술관을 나는 좋아한다. 1959년에 설립된 이 미술관은 그 내용 면에서도 세계적 미술관임이 분명하다. 속히 어서 다시 가보고 싶은 맘을 그림으로 그렸다. 코비드가 조금 안정되면 날씨 좋은 봄날, 우에노에 갈 것이다.

5F 캔버스 보드, 아크릴.

카마쿠라 해안 부근의 하나비(불꽃놀이)

며칠 전 친구 별장에의 초대를 받아, 직접 목도한 오랜만의 불꽃놀이 기억이다. 도쿄 가까운 요코하마 근교의 태평양과 그 밤하늘을 무대로 펼치는 불꽃 축제이다. 인간이 만들어 내는 빛, 빛의 조화, 사람들이 열광하는 이유는, 창조주의 첫 창조가 빛이라, 그것을 잠시라도 흉내내 보는, 환희인지도 모르겠다. 그러나 인간이 빚은 빛은 순간, 찰라인 것을. 화려하면 화려한 만큼, 그 목숨은 지극히 짧다. 어디, 삼라만상을 살리고, 얼르고, 때로 끝내기도 하는, 태양빛에 비할바랴. 그리고 지구를 일렁이게 하는 달빛, 수백, 수천 광년을 달려와 다다르는 별빛의 장엄함에 어디 견주랴. 그래도 우리는, 찰나의 빛이라도, 더더구나 꽃을 묘사하는 불꽃에 감동과 갈채를 보낸다. 이제껏 내 딴에도, 그림을 그려보니, 색을 그리기보다, 빛을 그리기가 비할바 없이 어렵다. 더 크게 말하면, 색은 칠하여 그릴 수 있어도, 빛은 마음의 그림자에 비추어 바라볼 수밖에 없다. 느껴지면 다행이고, 아니면 더 어찌 해볼 도리가 없다. 오늘 그림은 완전히, 색이 아니라, 빛의 표현이다. 그것이 사람의 것, 인공의 빛이라도 빛은 빛이다. 내 능력으로는 한계가 아닐 수 없다. 그저 그날 밤 망막에 새겨진 빛의 조화를, 색감에 의지하여, 덧칠했을 뿐이다. 지극히 부끄러운 빛 그림이다.

14*11인치 캔버스보드, 아크릴.

교토 난젠지(南禅寺) 수로각(水路閣)

한국 다음으로 문득문득 가고 싶은 곳은 유학 시대의 교토이다. 오늘은 가고 싶은 교토를 그린다. 교토에는 수천 개의 사찰이 있다. 한국에도 세계적으로 유명한 사찰이 많다. 그런데 그곳에 살았던 나는 다시 가장 가보고 싶은 사찰로 난젠지를 손꼽는다. 1291년 창건된 역사 깊은 사찰로 건축물은 물론 아마 교토에서 가을 홍엽(단풍)과 봄꽃이 가장 유명한 명소 중 하나이다. 특히 단풍철이면 전국의 사진가들이 수없이 몰려든다. 그런데 나는 이 난젠지에 가면 어느 곳보다 운치 있는 아치 다리에 넋을 놓곤 했다. 바로 난젠지 경내를 관통하는 수로교이다. 교토에서 가까운 시가현의 일본 최대 담수호 비와코(琵琶湖)에서 흐르는 유수를 흘려보내는 물길 다리이다. 역사적 고찰의 경내를 가로지르는 수로교를 1888년에 건설하면서 되도록 훼손이 덜 되고 운치 있는 다리로 설계한 것 같다. 93.2미터에 이르는 화강암의 아치형 수로교인데 나에게는 난젠지의 최고 명소 중 하나로 기억된다. 어느 겨울 잔설이 남은 난젠지의 수록각의 기억은 오랫동안 뇌리에 각인되어 있다. 막상 그려보니 보통 어려운 그림이 아니다. 사실 한국의 친구들이 얼마나 알고 와 본 곳인지 알 수 없다. 언젠가 교토에 다시 올 기회가 있으면 꼭 들러 보기 바란다.

5F 캔버스 보드, 아크릴.

교토 도지 오층탑

일본의 여기저기 경치를 생각하다 보면, 옛 나의 유학지 교토(京都)가 자주 떠오르는 것은 어쩔 수 없는 일인가 보다. 어제 도쿄에 눈이 스치고 지나간 후, 오늘은 청명한 겨울 날씨이다. 캔버스 앞에 앉으니 바로 교토 도지(東寺)의 오층탑이 머리에 떠오른다. 교토시에는 총 네 개의 유명한 오층탑이 있다. 이를 교토부 전체로 확대하면 여섯 개나 된다. 그중에서도 교토시 미나미구 구죠에 있는 이 도지의 오층탑은 교토를 상징할 정도이다. 대개 교토 관광이나 교토 풍광을 소개하기 위한 팸플릿, 홈페이지의 표지 사진이 되기 일쑤이다. 특히 내가 유학 생활에서 주로 거주하던 집과 같은 구의 지척에 있어 사시사철 볼 수 있던 오층탑이었다. 바로 이맘때 눈이 온 다음 어느 날의 풍광, 그 기억을 그대로 캔버스에 옮기고자 했다.

5F 캔버스 보드, 아크릴.

문 안에서 보는 교토의 어느 여름 정원

"한국의 산천(山川)이 수려한 곳에는 어김없이 옛 선비들이 세워놓은 정자(亭子)가 있다. 한국의 전통 가옥의 앞뒤 문을 열어두면, 그대로 앞내, 뒷산으로 바람이 통하며, 자연과 집과 사람이 하나가 된다. 언젠가 정말 잘 지어진 전통적 일본가옥을 방문한 적이 있다. 그야말로 일본식 정원이 잘 꾸며진 집이었다. 살펴보았다. 마당에 우선 작은 산이 마련되고, 연못을 만들고, 폭포가 있으며, 다리도 놓았다. 거기에 물고기가 놀며, 깊은 산중의 '바람'을 그대로 줄여 놓은 것 같은 '작은 바람'이 정원의 골짜기를 흐른다. 자연이 축소비율로 잘 조화되어, 그 집 마당 안에 다 들어앉아 있다. 그런데, 대문을 열고 나오면, 그 집 안의 자연과는 상관이 없는 전혀 별세계의 다른 마을이 펼쳐진다. 한국인은 자연과 질서에 몸을 의지하며, 거기의 흐름에 그대로 일렁이는 것을 즐긴다. 거기에 거스르거나, 거기에서 뛰쳐나오는 것을 바라지 않는다. 그러나 일본의 문화는 자연도 '상징화'하고, '에센스'(essence)를 추려서, 새로 자신의 품안에 만들어 펼친다. 그것은 자연과 나를 나누고, 그것을 보는 자신을 더욱 중시한다. 먼 산을 바라보며, 명상에 잠기는 한국의 수도자들과는 달리, 뜰 안에 만들어 놓은 작은 바위산을 바라보며 자신의 중심을 찾는 일본이다. 이렇게 단순하게 비교할 수 있는 노릇은 아니지만, 일본 교토(京都) '료안지'(龍安寺)의 돌 정원이, 일본에는 있을 수 있지만, 한국에는 없다. 한국의 처처곳곳에 있는 그 많은 정자들, 무슨, 무슨 정(亭)을 일본에서는 전혀 본 적이 없다. 한국은 자연 안에 들어가 즐기고 일본은 자연을 가져와 즐긴다."(나의 블로그 글, 한일문화비교 중 정원, 2012.12.3 중) 한여름 한가운데, 옛 교토의 추억과 나의 옛 글을 기억해 낸다. 그리고 그 인상과 영감대로 캔버스 위에 느낌을 옮긴다.

14*11인치 캔버스보드, 아크릴.

꽃길

도쿄가 나름 좋은 도시라는 것은, 대도심 한 가운데에서, 이만큼이나, 초록과 그밖의 무지개 같은 색을, 자연 그대로 보고, 마음에 받을 수 있다는 점이다. 나무들과 꽃이다. 특히 내 사는 동네는 그런 복을 더 많이 받았다. 우선 우리 집을 나서면 울안의 작은 정원에 수백년도 넘은 고목 두 그루를 만나, 올려 보아야 한다. 그리고 바로 우리 집 옆에는 꽤 규모가 있는 꽃집이 있다. 사람이 키우고 가꾸는 꽃과 화분이지만, 형형한 색깔이 찬란하다. 그러고는 바로 얼마 안 가, 도쿄정원미술관 입구를 지나야 하며, 그 옆의 국립 자연학습원 앞길을 스쳐야 한다. 연이어 작은 동네 공원인, 이름도 예쁜 동그리(도토리) 공원을 지난다. 큰 길을 가로질러 좀 가다보면 주택가 골목길로 접어든다. 집집 마다, 울안에 꽃과 나무를 가꾸고 혹은 대문 간에 여러 형태의 꽃밭, 화분이 놓여 있다. 마침내 물씬 역사 향기가 짙은 우리 대학 캠퍼스로 접어 들면, 이 계절엔 초록의 고목들, 짙은 녹음, 그리고 현란한 꽃들이 만발해 있다. 출퇴근 길에 학생들과 동료들을 만나 인사를 나누기도 하지만, 이것들과의 만남이 더 교교하다. 그리고 우리대학 캠퍼스는 도쿄의 유명한 명소 정원인 핫포엔과 쉘라톤미야코 호텔의 후원과 붙어 있다. 스스로 느끼기에도, 요즘 내 그림이 좀 달라지는 것 같다. 옛 풍광을 기억하거나, 되살려 내는 그림이 주로였던 내 그림은, 아무리 느낌대로 그리고자 해도 형태나 형상 묘사에 미련이 컸다. 그러나 최근에는, 소소한 일상속에서, 진경 풍경으로 마주하는 것들을 그대로 그린다. 그러다 보니, 내게는 오히려 사실이나 그 형상의 묘사보다는, 내 눈안에 들어오는 전체적 상징이나 남은 인상이 더 강해진다. 오늘 그림도 출퇴근길에 늘 마주하는 꽃무리를, 내 눈 안에, 뇌리에 남아 있는 느낌에 따라 색을 풀었다. 소소한 모양이며, 배경이며, 구도며, 그런 것에 대한 배려가 별로 없다. 그냥 바라보고 느껴, 남는 인상을 마음 가는 대로, 캔버스에 색감으로 툭툭 찍어 그려두고 싶은 그런 마음이다. 어쨌든 우리 동네 꽃길이다.

14*11인치 캔버스보드, 아크릴.

여름 한가운데에서
—붓을 전혀 쓰지 않은 그림

한여름으로, 무더위 속으로 성큼성큼 들어서는 도쿄 날씨이다. 오늘은 그림 이야기만 한다. 개인적인 일, 본직에 관련된 일로 비교적 분주하여, 오랜만에 캔버스 앞에 앉았다. 스스로 생각에는, 꽤 건방지게, 전혀 새로운 기법의 그림이 그리고 싶어졌다. 그러나 내 작업 공간의 제한, 도구, 특히 아크릴화로만 고정하고 있는 내 작업 조건에서, 새로운 기법이란 그리 폭이 크지 않다. 언뜻 생각했다. 붓을 전혀 쓰지도, 붓을 빨지도 말아보자. 내 손가락 이외에, 결국 손에 쥐어지는 도구란, 몇 자루의 파렛트 나이프와 페인팅 나이프밖에 없다. 그래 칼로 그려보는 거야. 지금껏 부드러운 붓으로 그림을 그려왔다면, 오늘은 딱딱하고, 날까롭고, 거친 나이프로 부드러운 것을 표현해 보는 거야. 100 퍼센트 나이프 몇 자루만 썼다. 심지어 맨 마지막 이니셜 사인도 거친 칼로 찍었다. 형편없는 시도인지 몰라도, 그리는 중에는 어느 그림 도중에서 이상, 에너지가 솟고, 설렘이 있었다. 처음 그려보는 나이프 그림이다. 친구들에게는 어떻게 보이는지 도통 모르겠다.

14*11인치 캔버스보드, 아크릴, 페인팅 나이프 그림.

4장

여행, 그 냄새, 그 향기

태안 천리포수목원 연못

지난주 다녀온 태안 천리포수목원 연못 풍경이다. 사실상 스케치 여행의 밑그림에 색감을 입히는 것과 같은 기분으로 나름 생생한 느낌을 표현하고자 했다. 장마가 시작된 궂은날 아침의 수목원은 오히려 초록빛들이 겹겹이 더욱 현란한 층위를 보여주었다. 연못을 뒤덮은 연잎 사이로 막 봉우리를 터트리는 꽃, 연못가에 화려하게 핀 수국을 캔버스 화면에 함께 넣으면, 연못을 그리려는 의도가 무산될 것 같다. 아담한 수목원의 초여름 짙게 흐린 날의 그 연못의 냄새는 화면에 다 살아나지 않는다. 맑고 깊고 은은한 수목원의 염통 같은 그런 연못이었다. 제각각 초록빛을 붓과 물감으로 제어하기가 무척 어려운 초여름 풍경 그림이다. 스스로 어설픈 그림을 탄한다. 그럼에도 그날 아침 현장을 숨 쉰, 내 느낌 안에는 수목원의 온도, 습도와 형형한 빛깔과 낮게 깔린 물 내음까지 지금도 생생하다.

5호F 캔버스 보드, 아크릴.

성 소피아 성당과 군함

흑해이다. 지금도 전장이 되어 버린 흑해의 밤이다. 인류사에서 흑해는 정말 기구한 바다 중 하나이다. 크고 작은 대립과 갈등, 전쟁이 잦았던 곳이다. 아시아와 유럽의 경계라는 이스탄불, 옛 지명으로는 콘스탄티노플이라고도 불렀다. 나는 그곳에 가보지 못했다. 내가 가보고 싶은 도시 중 손꼽을 수 있다. 성 소피아 성당의 아름다움, 평화에의 기원, 고난과 부침의 역사와 흑해를 지나는 거대한 군함을 대비시켜 보았다. 결국 밝고 아름다운 그림은 결코 아니다.

어둡고 짙고 우울한 그림이다. 전쟁의 그림자이다. 흑해 연안 우크라이나에서 죽어가는 사람들, 어린아이들의 주검이 눈앞에 어른거린다. 밤과 흑해와 성 소피아 성당과 군함의 상상 위에 물감도 흐르고 눈물도 흐른다.

5F 캔버스 보드, 아크릴.

로스앤젤레스 폴 게티 미술관

낯선 도시에 여행 가면 꼭 두 곳, 아니면 세 곳은 찾아가 보려 한다. 첫째는 미술관이나 박물관이다. 둘째는 현지 사람들에게 알려진 오래되고 되도록 허름한 식당이다. 셋째는 그 도시에 대학이 있다면 그곳을 방문한다. 그중에서도 박물관이나 미술관은 거기에 소장된 것도 좋지만, 그 공간에서 풍기는 느낌, 공기의 냄새, 심지어 바람이나 습기마저 즐긴다. 그래서 관람이 끝나도 되도록 일정 시간을 거기에 머물길 좋아한다. 로스앤젤레스에도 반가운 친구들도 많이 살고, 서울보다 더 맛있는 한국 음식도 먹기 참 좋은 곳이다. 그러나 가장 오랫동안 내 기억 안에 있는 곳은 이곳, 폴 게티 미술관이다. 꼭 고흐의 유명한 〈아일리스〉가 소장되어 있어서만은 아니다. 내 경험의 범위 안에서는 가장 경쾌하고 부드럽고 밝은 미술관이었다. 로스앤젤레스 여행에서 폴 게티에 함께 간 동행자는 윤경로 형, 김흥수 형, 친구 최기영 군이었다. 내가 연세대학교에 재직 시절, 한인 이민사 관련 심포지엄에 모두 발제를 맡아 간 여행이었다. 정말 여행은 누구와 함께하느냐가 무척 중요하다. 폴 게티 미술관, 꼭 다시 가고 싶다.

5F 캔버스 보드, 아크릴.

몽셀미셀 수도원

가보고 싶은 수도원이다. 유럽에 있는 수도원 중, 딱 한 곳만 골라
서 보고 싶은 수도원이 어디냐 물으면 나는 이곳에 가고 싶다. 프랑
스 노르망디에 서기 708년에 세워졌으며 조수간만이 큰, 해안에 세
워진 이곳은 밀물 시에 수도사들이 고립되기도 하고, 많은 순례자가
목숨을 잃기도 한 수도원이다. 14세기 백년전쟁 때 쌓은 방어 성곽,
18세기 현재의 모습으로 완성된 수도원은 특히 프랑스대혁명 시기
에는 감옥으로 사용되기도 하였다. 물론 유네스코 등재 문화재이다.
수난의 역사가 얼룩진 그곳을 먼발치에서라도 꼭 한번 가보고 싶다.
오늘은 그림의 소재를 아무것도 생각하지 않고 캔버스 앞에 앉았다.
내가 그림을 그리기 시작한 초기에 한 번 그린 적이 있던 몽셀미셀
이 언뜻 떠올랐다. 비교적 색은 진하게 쓰고 형태에는 집착하지 않
은 그림이다. 여러 각도로 몽셀미셀을 찍은 많은 사진에서 그 전체
적 이미지만 가져왔다.

5호F 캔버스 보드, 아크릴.

머물러 선 배들

떠나가는 배도 있다, 막 포구에 돌아온 배도 있다, 오랜 시간 일렁이
며 그곳에 머물러 선 배도 있다. 나는 배뿐만 아니라 움직이는 모든
것이 때로는 머물러, 서 있는 모습에 더 마음이 갈 때가 있다. 특히
배는 힘차게 닻을 올리고 돛을 돋우어 나아가는 배보다, 머물러 정
박해 서 있는 배에 늘 정서가 실린다. 그래서 어쩌면 그림으로도 포
구에, 항구에 정박해 있는 배들을 자주 그렸다. 요트가 옹기종기 모
여있는 풍경은 나에게 가장 이국적이며 낭만적인 풍광의 하나이다.
이곳저곳 여행 중에 요트가 늘어서 일렁이는 풍경을 자주 보았다.
특히 미국 여행에서는 늘 만나는 모습이다. 그러나 내 기억에 가장
인상적으로 남아 있는 모습은 캐나다 밴쿠버의 스탠리파크이다. 푸
른 하늘, 더 푸른 바다, 흰 구름, 흰 요트가 펼쳐진 잔잔한 추억이다.
머물러 일렁이는 배는 평화이며 쉼이며, 고요의 상징처럼 마음의 평
온을 부른다. 오늘 그림은 형태는 전혀 그리지 않았다. 느낌과 색감
만으로 그린다. 붓에 물감을 묻혀 그냥 툭툭 찍는다. 마음속에만 머
물러 선 요트를 그린다고 생각할 뿐이다, 마음이 더 푸르고 평화롭
길 바라면서.

5호F 캔버스 보드, 아크릴.

타이완 야시장

타이완은 1985년 1월 국내파인 내가 처음으로 외국 여행을 한 곳이다. 아무튼 아마 지금은 타이베이의 송산국제공항일 터인데, 당시에는 장개석 총통을 기념하는 중정국제공항에 내려 첫발을 디딘 것이 나의 첫 해외여행이었다. 그 후로도 타이완은 자주 가는 익숙한 곳이다. 특히 일본의 지금 우리 대학으로 부임한 이후는 학회 관련은 물론 대학의 자매 대학 관계 출장과 학생들의 필드워크 프로그램 사전 답사 등으로도 출장을 다녀오곤 했다. 그런데 타이완의 선연한 기억은 야시장이다. 음식이 맛있고, 입에 맞아서보다는 그 분위기 때문이다. 채 어두워지기도 전에 붉고 노란 등을 다 켠다. 독특한 냄새와 사람들의 표정과 소음을 지금도 기억하고 있다. 타이완에 갈 때마다 타이베이 이외에도 타이난, 카오슝 등등에서도 난 꼭 야시장 먹자골목을 빠트리지 않는다. 나의 여행 백미인 박물관과 고궁, 서민의 맛까지 합치면 타이완은 그런 면에서 아주 뛰어나다.

5F 캔버스 보드, 아크릴.

캐나다 밴쿠버 스탠리파크

미국에서 국경을 넘어 캐나다로 올라간 미주 서부 종단 여행 때, 선배와 친구, 나 셋이 다녔다.

시애틀에서 오래 살고 있는 나의 고교와 대학 모두 함께했던 가까운 친구가 밴쿠버에 가거든 우선 스탠리파크에 들러 쉬라고 일러 주었다. 미주 서부 해안의 아이 파이브로 불리는 고속도로를 하염없이 운전했고, 비교적 수속이 간단하긴 했지만, 자동차로 명색이 국경을 넘어오지 않았던가. 아닌 게 아니라 진한 피로가 몰려왔다. 역시 스탠리파크는 밴쿠버의 허파와 같았다. 아마 여기저기에서 본 요트 정박 장면 중 가장 장관이었다. 아름드리 숲 벤치에 앉아 콜라를 마시며 하염없이 요트들을 바라보았다. 요트는 타는 것도 좋지만, 보는 것도 쉼이 된다. 그때의 기억, 그 풍경을 소환하여 내 좋아하는 푸른색과 흰색의 조화로 그냥 툭툭 붓질을 했다. 밴쿠버나 미주 서부에 사는 친구들에게는 낯익은 풍광일지 모르겠다.

5F 캔버스 보드, 아크릴.

일본 삼경 중 아마노하시다테(天橋立)

그림 회상 여행은 교토부 미야츠시에 있는 아마노하시다테에 왔다. 대개 교토하면 한국 친구들은 교토시만 주로 생각한다. 교토시는 바다가 없는 도시지만, 교토부 행정 지역의 북쪽으로 가면 우리의 동해에 면한 바다가 나온다. 경치도 절경이며, 특히 해산물은 우리 고국의 동해안, 남해안에서 먹던 그 맛이 그대로 느껴진다. 의외로 교토에서의 유학 시절에는 교토부의 북쪽 여행을 갈 기회가 없었다. 당시는 더욱 멀리 가고 싶은 생각이 더해서일까. 수년 전 도쿄에서 미야츠로 강연 여행을 갔다. 일본 삼경 중 가보지 못한 마지막 한 곳을 간 것이다. 과연 그랬다. 그리고 그곳의 순박한 현지 사람들과의 이틀간의 강연과 여러 차례의 회식은 잊을 길 없다. 경치도 사람도 음식도 단연이었다. 일본의 삼경은 우선 동북 지방 미야기(宮城)현의 센다이 부근 마츠시마(松島)가 있다. 거기에 히로시마의 미야지마(宮島) 그리고 오늘 그린 그림 아마노하시다테를 더한 경치를 일컫는다. 그런데 일본 삼경이 다 각각의 바다에 면해 있다. 마츠시마는 그야말로 태평양이다. 미야지마는 태평양 방향이라고는 해도 특별히 구분하는 세토나이카이(瀬海)라는 바다이다. 그리고 오늘 그림의 아마노하시다테는 동해 바다이다.

5F 캔버스 보드, 아크릴.

시카고 보타닉 가든

회상 여행을 미국이나 캐나다로도 몇 차례 가야 할까 보다. 2000년 인가? 내가 아시아만 주로 왕래하다 처음으로 미국에 갔다. 첫 미국 여행으로 도착한 공항은 시카고의 오헤어공항이었고, 그 이후 미주 여행의 도착지, 혹은 여행의 스테이션으로 반 이상이 시카고였다. 그것은 내가 연세대학교 재직 시절, 대학 선배요 절친이자 동료 교 수인 유상현 형의 가족이 모두 시카고에 살았기 때문이다. 특히 언 젠가 밝혔지만, 유 선배의 형수와 나의 처는 고교 동기 동창이다. 그 런데 나는 미국 하면 뉴욕의 맨해튼이나 시카고만 해도 다운타운의 존 핸콕 센터, 윌리스 타워 등등의 마천루들은 그다음이다. 그렇게 익숙한 시카고도 우선 미시건 호반과 오늘 그린 보타닉 가든 그리고 여기저기 흩어져 있는 여러 공원과 자연이다. 사실 미국이나 캐나다 에서 제일 부러운 것이 온갖 자연의 요소가 거의 그야말로 자연 그 대로 그 깊이와 넓이 그만큼 한없이 널려 있다는 점이다. 그리고 한 가지 덧붙이자면 내 미주 여행의 테마인 유서 깊은 대학의 캠퍼스들 이다. 시카고도 그 유명한 시카고대학이나 미시간 호반 근처의 노스 웨스턴대학 캠퍼스만 잘 살피면, 시카고의 반 이상은 다 체감한 것 이 아닐까 한다. 오늘은 그중에 시카고 보타닉 가든의 계곡에서 본 나무다리를 그렸다.

보타닉 가든도 아무튼 사람에 의해 조성된 가든이기 때문에 여기저 기 아름다운 조형물과 시설들로 꾸며져 있다. 그러나 그보다는 공원 안에 자연 그대로의 연못, 냇물, 숲이 아름답게 보존되어 있고, 많은 나무가 어우러져 있다.

5F 캔버스 보드, 아크릴.

문경 새재

이맘때 계절의 문경 새재 제2 관문일 것이다. 이제 다시 가끔은 그림으로 떠나는 여행을 시작해 볼까 한다. 내가 운전을 시작한 것이 1983년으로 기억한다. 만 40년이 다 되었다. 물론 그 이전에도 가족들, 친구들 도움으로 누구보다 많아 다닌 편이고, 여행도 많이 한 편에 속한다. 그러나 내가 공간 이동의 제약을 극복하고, 자유로이 원근을 불문, 더구나 다른 이를 태우고 움직일 수 있다는 것은 나에게는 생애 결정적 전환이었다. 한국의 길과 땅을 섭렵하려고 애를 썼다. 가끔은 친구와 동료, 선후배들도 함께였으나 주로 가족과 함께 아니면 혼자도 꽤 다녔다. 나와 비교해서 여행이나 다니는 것을 그렇게 좋아하지 않는 처는 휴일이면 좀 쉬고도 싶었을 것이다. 그러나 거의 어린 딸을 데리고 함께 따라나서곤 했다. 그러다 보니 한국의 여기저기 길게 시간을 내어 머물거나 천천히 들른 곳은 물론 스쳐 지나간 지역까지 치면, 나에게 아주 생소한 곳은 없을 정도로 전국 일주 파였다. 오늘 그린 그림, 문경 새재는 처음 해 본 눈길 운전으로 고생했던 기억이 있다. 그 이후에도 몇 차례 계절을 가리지 않고 그곳을 넘곤 했지만, 처음 찾았던 그때 기억은 평생 아련하고 그 눈길 고개는 지금 생각해도 아찔하다.

5F 캔버스 보드, 아크릴.

가을 강변 캠핑

아직 초가을, 햇살 따사로운 강변으로 캠핑이다. 이왕이면 빨간 텐트를 칠 것이다. 어제 그림부터 자꾸 놀 생각만 한다. 바닷가 낚시에서 오늘은 강변 캠핑이다. 철없는 할아버지는 어서 손주들이 더 크고 코로나와 함께 잘 사는 세상이 되면, 캠핑카라도 하나 장만하여 손주들과 가족들과 때로는 친구들과 캠핑을 가리라 꿈을 꾼다. 바람이 부드럽고 하늘이 푸르며 볕이 따뜻한 그 어느 날이다.

5F 캔버스 보드, 아크릴.

제주 돌담길과 자전거

며칠 전 제주도에 살며 글 쓰는 선배 최창남 형이 페이스북에 올린 사진을 보았다. 바닷가 돌담길 가에 버려진 하얀 자전거이다. 마음이 따뜻하면서도 쓸쓸한 풍경이었다. 그 사진을 빌려 그림으로 돌려주고 싶었다. 나는 자주 말하는 SL 기관차는 물론, 또 한 가지 자전거에 대한 노스탤지어가 진하다. 그래서 자주 자전거 그림도 그렸다. 그림 속에서 자연이 '자전거 도둑'인지, 자전거가 자연을 훔친 도둑인지 헷갈릴 때도 많다.

두 딸은 운전면허는 있어도 둘 다 자전거를 못 탄다. 어릴 때 자전거를 배우려 할 때, 몸이 불편한 아빠가 딸들의 자전거 뒤에서 든든히 잡아주지 못해 쓰러지고 넘어진 기억이 많다. 그 후 딸들은 자전거 배우기를 포기한 것이다. 버려진 자전거에 마음을 넣어 그림으로 그리려 했으나 마음만 앞선다.

5호F 캔버스 보드, 아크릴.

겨울 강

모든 것이 꽁꽁 얼어붙은 겨울이다. 요즘 다리에 대해 생각이 깊어진다. 아마 나의 학문적, 문학적 상상력이 자주 변경의 문제를 천착하기 때문이리라. 다리는 변경에 놓인다. 이어주는 소통이며 연결이다. 다리 중에도 가끔 국경의 다리를 생각한다. 내가 경험한 다리 중에는 도문대교가 오래 뇌리에 남는다. 2010년의 일일 것이다. 연세대학교 재직 시절, 동료들과 백두산 그리고 연변, 명동촌 윤동주의 유적을 다녀왔다. 백두산과 윤동주 흔적에 대한 것이야 더 이를 말이 없을 정도이다. 나는 두만강에 놓인 도문대교를 도보로 반쯤 걸어 북한 접경에 섰다. 물론 관광의 목적도 있는 장소이나 분단의 세월을 살아 온 나와 같은 한국인에게는 남다른 회한이 밀려왔다. 가장 기억에 남는 다리가 아닐 수 없다. 다리는 소통이고 연결이지만, 그 다리가 놓이고 통하기 위해서는 우선 마음의 벽을 먼저 넘어야 할 것이다. 한겨울 강이 완전히 얼어붙었다. 눈도 내리고 모든 것은 동결이다. 다리 밑에 강상(江上)을 오가던 배들도 얼음에 발이 묶였다. 물론 닻을 내리고 있겠지만, 꽁꽁 언 얼음 자체가 그들의 앵커이다. 다리와 다리 밑에 멈추어 선 겨울 강의 배에서 오히려 쉼과 평화를 생각한다.

5F 캔버스 보드, 아크릴.

비 내리는 상해
대한민국 임시 정부 청사

8.15, 어디로 그림 회상 여행을 떠날까 망설였다. 서울, 일본의 패전 흔적, 이리저리 생각하다가 상해로 정했다. 상해를 여러 차례 갔다. 모두 복단대학, 상해대학 등의 국제학술심포지엄 발제 초청이었다. 그중에 상해 대한민국 임시 정부 청사에는 딱 한 번 갔다. 복단대학이 주최한 심포지엄에 함께 참가한 지금 우리 대학 동료 교수와 연세대 시절 제자로 역시 같은 심포지엄에서 발제를 맡은 제자와 함께였다. 그날따라 아주 거센 비가 내렸다. 빗속에 청사를 둘러보고, 내부에 들어가 그때 그들이 사용했다는 여러 집기, 물건들을 바라보다가 내 눈에도 끊임없이 비가 내렸다. 역사가 중에 대한민국 임시 정부의 의의를 비교적 가볍게 말하는 이들도 있다. 그러나 나는 상해 임시 정부를 정말 깊이, 높이 평가한다. 우선 근대 제국주의 시대, 혹독한 식민 통치를 당한 민족, 국가 중에 이토록 어엿한 임시 정부를 세워 당당히 맞서 온 나라가 과연 있던가, 있다면 얼마나 있던가. 그리고 무엇보다 3.1정신의 결과이지만, 왕조의 멸망 후, 단 10년 만에 비록 영토는 회복하지 못했지만, 혁명적으로 주권재민의 국가 이상을 형성, 실천한 민족이 어디, 어느 때 있었던가. 그림으로, 회상으로 상해로 간다. 역시 비 오는 날의 임정 청사에서 눈물을 흘렸던 기억을 캔버스에 옮긴다.

5F 캔버스 보드, 아크릴.

초여름 바다의 꿈

계절을 가로질러 꿈을 꾸었다. 여름이 시작될 무렵의 바닷가에서 그림을 그리고 있는 꿈이다. 하늘은 구름이 가득하지만, 푸른 빛을 놓치고 있지는 않았다. 바다 역시 맑은 푸름과 흰 파도 너울을 그대로 지녔다. 철 이른 바다지만 여름을 기다리던 마니아들은 오색 요트를 띄웠다. 아직 서핑 보드나 해수욕객은 보이지 않지만, 시원한 바다 그대로 장면이었다. 코로나 팬데믹은 물론 여러 여건상 아직 나는 스케치 여행을 못 했다. 그림을 그리기 위해 특정한 시점에 서본 적이 없다. 산하, 해양, 들의 꽃과 나무를 그려왔지만, 대개는 기억에 의존하거나 사진, 간혹 다른 이의 진경 경치 풍광을 참조한 그림을 그려왔다. 이처럼 선명한 꿈을 꾸는 것을 보니 그림을 그리러 산천, 해양에 나서고 싶은 무의식이 잠재해 있었나 보다. 이 그림은 경치를 내가 직접 보고 그린 진경 그림이다. 비록 꿈이었지만, 계절을 벗어나는 것은 나의 오랜 버릇이고 희망 행위이기도 하다.

5F 캔버스 보드, 아크릴.

제주도의 봄추억

제법 오래 전 오늘 같은 봄날, 아마 3월 하순이었으리라. 바로 이런 풍경을 창밖으로 내다보며, 제주도 사는 친구와 함께 앉았다. 제주의 친구는 새삼스럽게 설문대할망 이야기를 해주었다. 제주 하면 하르방을 먼저 떠올리지만, 할망 이야기가 더 재밌다. 설문대할망은 무지무지 체구가 큰 할망이다. 한라산을 베개삼아 눕거나, 백록담에 엉덩이를 걸치면, 한 쪽 발은 제주 앞바다 관탈섬에 이르고, 또 한 쪽 발은 위미리 자귀섬에 닿는다. 혹은 다리를 조금 움직이면, 한 쪽은 서쪽 삼방산에, 또 한 쪽은 동쪽 성산 일출봉에 닿았다. 설문대할망이 빨래 빨던 이야기, 제주 인근 바다의 깊이재기, 다리놓기,… 내 이미 아는 이야기도 있었고, 새로 듣는 이야기도 있었다. 그 어느 봄날의 창밖이 이러했다. 아름다운 섬, 깊은 섬, 그리고 슬픈 섬, 가슴 아픈 눈물 섬이, 이 봄에 더욱 그립다. 사월 초 사흘날이 오기 전에, 우선 아름다운 제주도를 먼저 생각하자. 푸르고 또 푸르고, 노오란 제주의 봄을 추억하고 싶다. 요즘 내 그림은, 되도록 색감을 줄여 써 보는 연습을 자주 한다. 형상을 그리기보다는 인상을 그리고, 기억이나 잔영, 눈앞의 풍광을 되뇌어 되풀기보다는 보아서, 떠올려서, 남아새긴, 그 느낌을 캔버스에 되돌려 거칠게 칠해보는 연습이다. 오늘 그림도 파랑, 노랑, 초록 단 세 가지 색감만, 큰 붓에 찍어, 툭툭 찍었을 뿐이다.

14*11인치 캔버스보드, 아크릴.

5장

생각, 그림 속에 담긴 나의 이야기

별이 빛나는 밤에

낮이면 밤을 생각하고, 밤에 찬란한 아침을 떠올리자. 화창한 봄날에 지난겨울을 돌아보고, 겨울이면 빛나는 봄을 꿈꾸자. 새해 벽두에는 유서를 쓰고, 한 해가 저물 때 연서를 쓰자. 비바람 거칠 때 잔잔한 초원의 꽃길을 바라보고, 바람이 부드럽고 푸르른 날에 눈보라 몰아치는 들판을 상상하자. 내 나름 지금까지 평생을 살면서 거듭 되뇌어 온 역설적 마음의 형언이다. 오늘 따뜻한 봄날 밝은 햇살 아래 마음을 되돌아 지난 겨울밤을 회상한다. 겨울나무, 진보랏빛 하늘, 은가루를 뿌린 하늘가. 결과적으로 그림이 어둡다. 그림은 마음의 표상이며, 색감은 정서의 채도 그대로이다. 그래도 빛나며 쏟아지는 별빛이 희망이다.

5F 캔버스 보드, 아크릴.

붉은 꽃 화분

꽃의 생명은 신기하다. 화분 속의 흙 한 줌, 근근이 버틸 만큼의 양분, 가끔 머금는 물 한 모금으로 저토록 붉은 사랑을 토해낼 수 있을까 싶다. 푸른 잎사귀의 옹위를 받으며 목숨처럼 터져 나오는 빛과 색과 향기는 가히 어느 생명이 그에 견줄까. 오늘은 붉게 피어난 정열을 옮겨 그리며 다함 없는 경의를 표한다. 그림의 시선을 안으로 돌리니 정물, 특히 화분이나 화병에 마음이 머문다. 나와 함께 그림의 시선도 집안에 함께 있다. 고요하고, 평화롭기를….

5호F 캔버스 보드, 아크릴.

한옥 뒤뜰

목련이 활짝 피었다. 고국에 온 후, 웬일인지 일본에서 기억하던 풍
광을 다 잊었다. 우선 그리운 고국 풍경을 몇 점 그린다. 눈 앞에 펼
쳐지는 고국의 현실과 현상은 마음을 상하게도 하고 한때는 멀리 떠
나고 싶은 땅이었지만, 그리운 건 그리운 것이고 반가운 건 반가운
것이다. 내 나라 음식만 먹고 내 나라 그림만 그리고 있다.

5호F 캔버스 보드, 아크릴.

흐린 날 난초

잿빛 하늘이 그대로 연못에 내려앉고, 난초꽃은 색을 더욱 돋우어
보이려 한다. 왜 모네는 끝도 없이 수련을 그렸을까. 그는 같은 연
못, 같은 수련이라도 보는 마음에 따라, 날씨와 빛과 그 밖의 것들에
따라 다 달리 빛을 발하는 이치를 알았으리라. 나는 요즘 부쩍 난초
를 자주 그린다, 마음과 느낌과 그 음영을 따라.

5호F 캔버스 보드, 아크릴.

석양의 해바라기

해바라기를 볼 때마다 때로 처연한 느낌이 든다. 오직 태양만을 바라며 처음부터 끝까지 목숨을 거는 그이다. 심지어 지상의 모든 꽃과 생명이 태양 빛과 볕 아래 살아 존재하지만, 해바라기처럼 자신의 형상마저 태양을 쫓아 닮은 식물이 있으랴. 해를 따라 고개를 들고 있다가 황혼 녘이면 마침내 얼굴을 숙인다. 그리고 숨을 죽여 밤을 맞는다, 아침을 다시 꿈꾸며. 아무래도 해바라기 벌판 풍경은 나에게 이국적이다. 불현듯 해바라기 들판을 다시 그리고 싶어진 것은 며칠 전 본 영화 〈러빙 빈센트〉의 고흐 잔상이 어딘가 내게 남아 있나 보다. 해바라기의 처연한 사랑을 불타는 노을, 절명의 시간, 스산한, 그러나 마지막까지 타오르는 해바라기 벌판에서 찾아보려 한다.

5호F 캔버스 보드, 아크릴.

엔틱 의자 위의 화병

나는 아무래도 옛것을 더 좋아한다. 나이가 들어 그렇다는 의미보다
는 내 나이의 시대보다도 더 위 세대의 것을 좋아한다는 의미이다.
꼭 역사 공부를 하는 정체성과 직접 관계된 것은 아니다. 음악도 조
금은 옛것, 그림의 풍도 아주 고전은 아니지만, 어느 정도 옛것이 좋
다. 도쿄 집에 꽤 오래됨 직한, 아니 우선 그 스타일 자체가 옛날 풍
의 엔틱 의자가 하나 있다. 대학의 게스트하우스에 오래 살다가 지
금의 집으로 이사 나올 때, 꼭 필요한 가구며 가재도구를 다 새로 샀
다. 그 과정에서 혹시나 해서 리사이클 센터에 한번 들렀을 때, 눈에
드는 의자가 하나 있었다. 앉기 위해서라기보다 보는 의자, 인테리
어용 의자에 가까웠다. 사실 내가 그림을 그리기 시작하여 이젤 앞
의 의자로 사용하기 전에는 죽 우리 도쿄 집 거실의 장식 의자였다.
아무튼 나는 옛 스타일이 좋다. 새것이 싫어서가 아니라, 옛것의 운
치가 좋다는 의미이다. 오늘은 내가 앉아 그림을 그리는 그 엔틱 의
자 위에 화병을 올려놓은 그림을 그렸다. 의자 위의 화병, 여느 탁자
위보다 나은 앙상블이다.

5F 캔버스 보드, 아크릴.

난초

옛 선비들은 시절이 수상하면 난을 쳤다. 그런데 요즘 나는 난초를 자주 그린다. 시절이 다르니 먹을 갈아서 난을 치지 않고, 짙은 물감 풀어 난초를 그리는 것인지도 모른다. 요즘 나는 정말 소위 한량 같다. 허구한 날 꽃만 그리고, 자주 난을 친다. 또한 이런 신록의 때가 꽃과 난을 그리기 제일 좋을 때가 아닌가 한다. 내 나라 돌아가는 꼴이 내 생각으로는 도무지 비위가 상해 도대체 위안이 없다. 뉴스는 끊은 지 오래고, 언제까지일지 모르지만, 바깥소식을 등지고 싶다. 아무튼 당분간은 이렇게 지내야 할 듯하다. 어차피 대학에서 허락한 안식년으로 마음도 몸도 쉬는 것이 일이니, 이렇게 맨날 난만 치고 있는 것도 나쁘지 않을 듯하다.

5호F 캔버스 보드, 아크릴.

문갑 위의 화병

서재 창가 문갑 위에 화병 하나를 올려놓은 형국을 그림으로 그렸다. 꽃은 화려하되 빛은 줄이고, 채도가 낮은 가라앉은 느낌의 그림을 그리고 싶었다. 꽃의 색감은 느끼되 모양은 안중에 두지 않고 허물어진 형태를 생각했다. 전형적인 유화, 아크릴화로 표현할 수 있는 마티에르가 짙은 물감을 그대로 쏟아부은 듯한 그런 그림을 그리고 싶었다. 고교 시절부터 아주 가까운 친구의 모친상에 다녀왔다. 흰 국화꽃을 드렸으나 마음은 역시 낮고 깊게 드리워진다. 또한 죽음을 다시 생각한다. 밝은 햇살 속에 조의를 표하고, 따가운 햇볕 속을 다시 달려 집으로 돌아와 목욕하고 젖은 내의를 갈아입고, 캔버스 앞에 무턱대고 다가앉으니 바로 이런 그림이 그려졌다. 역시 삶도 마음도 그림도 죽음도 역설적이지 아닐 수 없다.

5호F 캔버스 보드, 아크릴.

옛 독립문

우리 서울 집 서재에는 특별한 사진 액자가 하나 걸려있다. 아주 오래전 젊은 시절, 역사 사진 전시회를 기획한 적이 있다. 근대 선교사 문헌 등에 등장하는 역사 사진을 엄선, 문헌으로부터 재촬영하거나 마이크로필름으로부터 채집하고, 확대 인화하여 전시 사진을 생산하는 작업이었다. 그리고 그것으로 작은 전시회를 연 적이 있다. 나는 기획과 사진 엄선 작업을 주도했다. 당시 실제 전시 사진 작업의 중요 부분은 지금은 저명한 사진작가인 김문호 형이 깊은 이해와 열정으로 함께 작업을 했다. 그중에 한 점, 지금도 내가 소장하고 있는 사진이 건립 직후의 독립문 사진이다. 새로 세운 독립문과 영은문 기둥 주변에 흰옷 입은 우리 선조들이 구경 나오거나 오가며 쉬고 있는 모습이 함께 있다. 중국 사신을 굽신굽신 맞아들이던 시대의 상징 영은문을 헐고, 자주 자립의 독립 정신으로 독립문을 세운 것이다. 불현듯 사진 액자로 소장 중인 옛 독립문이 그리고 싶어졌다. 서재의 한쪽 벽에 걸린 사진을 올려다보며 그렸다. 당시 사진 작업에서 흑백을 약간의 브라운 톤으로 인화하여 멋을 부리고 맛을 낸 그대로다. 나도 젯소와 짙은 브라운 색만 사용했다. 브라운의 음영은 젯소를 섞는 비율로 조절했다. 옛 독립문이다.

5호F 캔버스 보드, 아크릴.

담장 밖

한옥 담장 밖이 요란하다. 매미 소리 짙고 햇살이 찬란하다. 여름 한 가운데 하늘은 푸르고 뭉게구름이 흐른다. 꽃들은 잔치 중이고 벌 나비도 신이 난다. 여름의 평화를 그리고 싶었다. 막 그림을 마쳤는데 KBS에서 전화가 왔다. 아베 신죠, 전 일본 총리가 가두 연설 중 총에 맞았다는 것이다. 일본 분위기를 좀 전해 주십사 하는 용건이다. 나는 지금 막 피디의 전화로 그 사실을 들었다. 그리고 나는 현재 서울에 있다. 정중히 사양하고, 바로 야후 재팬을 검색했다. 아베가 가슴에 총을 맞았고, 심폐 정지된 상태라고 전한다(이후 그는 결국 죽음을 맞았다). 일본의 보수 결집이 우려된다. 그림을 그리며 여름 평화를 꿈꾸던 기분이 흩어진다.

5호F 캔버스 보드, 아크릴.

우리의 미래상

오늘은 아침 일찍 그림을 그렸다. 내 주변에는 비교적 나처럼 평생 공부를 업으로 하는 이가 많다. 내 직업상 그럴 수밖에 없다. 그뿐만 아니라, 꼭 학자는 아니어도 대부분 책을 좋아하는 사람이다. 나이 들어 늙는다는 징조가 무엇일까. 여러 가지가 있겠지만 나와 내 친구들의 경우는 어떤 이유로도 책을 읽지 못하는 경우가 아닐까 한다. 도서관과 서점과 혹은 출판사와 거릴 둘 때 그때가 정녕 늙어지는 때가 아닌가 한다. 책을 읽을 수 있고, 도서관 출입이 가능하다면 아직 괜찮은 것이다.

그래서 오늘 그림은 아직 괜찮은 그런 미래상이다. 언젠가 대학 도서관에 들렀을 때, 여든이 훨씬 넘은 은퇴하신 노 교수님을 만난 적이 있다. 여전히 집중해서 책을 읽고 계셨다. 가까이 다가가 인사를 드리던 중, 나도 모르게 "이제 좀 쉬시지요." 실수를 하고 말았다. 스스로 아차 했다. 노 교수는 빙긋이 웃으며 대답했다. "이것이 쉬는 것인걸요." 무안한 마음에 활짝 웃으며, 선생의 손을 두 손으로 꼭 잡고 돌아섰다. 나도 아마 그럴 것이다. 아직 책을 읽을 수 있을 때 그리고 이제는 또 한 가지가 생겼다. 그림을 그릴 수 있을 때, 그때는 아직 괜찮은 때이고, 잘 쉬고 있을 때일 것이다. 만약 그 또한 할 수 없을 때가 온다면 그야말로 늙음이고, 어두운 미래이며, 편히 쉬는 시간도 아닐 것이다.

오늘 그림을 그리고 그것을 물끄러미 바라보니, 나 자신의 아직 괜찮은 미래상이기도 하지만 구체적으로 떠오르는 친구들의 얼굴이 주마등처럼 스쳐 지나간다. 부디 오래오래 괜찮은 미래가 그들 앞에 있기를 바란다.

5F 캔버스 보드, 아크릴.

가을밤의 비

어느 가을날 도시의 공원에 궂은비가 내린다. 나뭇잎은 이미 가을 색이다. 공원의 밝은 가로등이 비와 나무 그리고 오가는 사람을 비춘다. 우산을 쓴 사람들의 걸음은 종종걸음이다. 색은 오묘하고 빛은 우울하다. 계절도, 때도 다르지만, 지금의 오늘 내 성정을 그대로 드러내면 '가을밤의 비', 바로 그대로이지 않을까 한다.

5F 캔버스 보드, 아크릴.

의자

빈 의자를 바라볼 때마다 "수고하고 무거운 짐 진 자들아 모두 내게로 오라"(마태복음 11장 28절)는 성서 구절이 떠오른다. 사람이 만든 물체, 물건 중, 우리의 쉼과 편안과 다시 힘 얻음을 상징하는 것은 역시 아늑한 집, 혹은 편안한 의자가 아닐까 한다. 의자에도 여러 가지가 있을 것이다. 먼 길을 걷다가 우연히 마주친 벤치, 버스정류장의 간이의자, 굳이 의자는 아니더라도 앉아 쉴 만한 바위나 돌멩이 하나, 나뭇등걸이나 그루터기, 여름날 그늘막이나 겨울날 양지바른 처마 아래도 빈 의자와 다름 아닐 것이다. 우리 서울 집 의자 중, 내가 안마의자를 이용하지 않을 때, 주로 앉는 가죽 소파가 하나 있다. 하루 중 꽤 오랜 시간을 여기 앉아 책을 보거나 영화를 감상한다. 오래 앉는 의자는 때로 자신과 일체가 되는 느낌이 들 때도 있다. 내 그림은 대개 먼 곳의 풍경이나 오래전의 기억을 자주 그린다. 내가 그림을 그리는 힘이 회상, 추억, 노스탤지어, 젊은 날, 자연, 빛나는 기억 등등으로 말미암기 때문일 것이다. 그러다 문득 가장 소중한 것들, 가장 가까운 것들, 바로 눈앞에, 바로 내 곁에 있는 것들이 그리고 싶어질 때가 있다. 바로 오늘이 그런 날이다. 가까운 것에 대한 감사와 기쁨과 그 오랜 편안함 같은 것이다. 사람이나 물건이나 마찬가지일 것이다.

5호F 캔버스 보드, 아크릴.

국립중앙박물관 뜰

내 나라, 남의 나라 가릴 것 없이 새로운 도시를 여행할라치면, 꼭 그 도시의 박물관과 오래된 식당을 찾으라는 것이 나의 지론이자 실천이다. 당연히 역사 깊은 우리나라 수도 서울에도 박물관이 많다. 그래도 그 나라의 중앙, 핵심 박물관이 국립중앙박물관 아닐까 한다. 내 스스로는 물론, 외국의 친구들이 한국을 방문할 때도 꼭 안내하거나 가보기를 권하는 곳이다. 그런데 한동안 내가 귀국을 못 하는 기간이 길어지고, 코로나 영향으로 일본을 비롯, 외국 친구들의 한국 방문도 뜸해지면서 나의 국립중앙박물관 나들이도 오랜만이었다. 나는 외국의 멋진 풍광을 많이 보았지만, 지금도 눈앞에 선한 곳이 대개는 그 도시의 박물관이나 미술관이다. 내가 사는 일본의 여러 도시 그리고 내 나라 여러 도시 곳곳의 여행에서도 작든 크든 박물관이 있는 한 대개는 꼭 찾았던 것 같다. 지난 8월 26일, "이건희 컬렉션, 어느 수집가의 초대"에 갔을 때, 조금 일찍 도착하여 오랜만에 박물관 뜰을 산책했다. 오늘 그림은 내 눈 안에 그리고 스마트폰 사진에 담아 둔 구도 그대로 그렸다. 날씨가 조금 흐렸고, 더구나 박물관의 역사적 향을 느껴서 그런지, 그림은 그대로 흑백 톤이다. 젯소와 아크릴 검은색 조합, 초록과 아주 조금 파랑을 붓에 찍었을 뿐이다.

5호F 캔버스 보드, 아크릴.

한옥 대문

한옥은 흑백에 가깝다. 색감의 느낌이 원색이나 화려한 색조는 결코 아니다. 기억에 남아 있는 한옥 대문을 꿈속 기억에 남은 색깔로 덧입힌다. 대개 꿈은 총천연색이 아닐 때가 많다. 실루엣이나 흐릿한 흑백 필름 같은 느낌이 더 많다. 내 경우인지 모르지만, 그렇다. 요즘 자주 한옥을 그린다. 한옥 뜰, 한지 창호지 문, 대청마루 그리고 장독대도 그리며, 그 담장 울안에 피어있는 꽃도 자주 그린다. 내 나라에 대한 내 나름 절절한 사랑이 내 그림을 그렇게 자주 이끈다. 며칠 전, 아닌 게 아니라 어느 한옥 마당에 들어서는 꿈을 꾼 것 같다. 꿈속의 색감으로 그림을 그린다. 언뜻언뜻 천연의 색이 섞인 듯해도 결국은 흑백 톤이다. 색깔은 푸르스름한 한옥의 느낌과 슬며시 포함된 초록빛 조금이다. 오늘 그림은 검은색과 흰색, 파랑과 초록 조금이 사용한 물감 전부이다. 이렇게 저렇게 그려보는데, 요즘 내 그림의 제일 감상자인 아내의 제안대로 근대 역사 장면의 그림을 꿈속 사진 같은 그런 느낌으로 몇 차례 그려볼까도 한다. 그런데 왠지 여러 색깔의 물감을 써서 화려하게 그리는 그림보다 시간도 많이 들고, 터치도 오히려 까다롭다.

5호F 캔버스 보드, 아크릴.

사람들 흩어진 후에, 초승달

중국 현대 화가이자 만화가인 펑쯔카이(豊子愷, 1898~1975)라는 작가가 있다. 그의 그림은 소박하나 표현은 강렬하다. 그리고 그림에 대개는 자신이나 남이 쓴 짧은 시를 써넣는다. 그가 그림에 넣는 시는 대부분 '사람들 흩어진 후에'(人散後)라는 첫 소절로 시작된다. 그의 그림 중 초승달(그의 그림 제목이 초승달로 되어 있으나 사실 모양을 보면 그믐달이다. 그러나 그대로 원제를 따른다)을 주제로 한 그림이 특히 좋다. 묵화로, 흑백으로 그려진 그림을 대본으로 색감 짙은 서양화풍으로 바꾸어 그렸다. 물론 시는 뺐다. 이 그림에는 다음과 같은 시가 들어 있다.

人散後 一鉤新月 天如水
사람들 흩어진 후에 초승달 뜨고, 하늘이 물처럼 맑다

대가의 그림을 같은 풍으로 흉내 내 본 적은 있지만, 색감을 넣어 내 마음이 가는 대로 변조해 본 것은 처음이다. 최근 영화 〈경주〉를 보았다. 이 영화는 조선족 중국인 장률 감독이 만든 영화이다. 박해일, 신민아 주연이다. 독특한 화면과 전개에도 매료되었으나 영화의 마지막 부분에 등장하는 펑쯔카이의 이 그림과 시는 오랜 여운을 남긴다. 새롭게 펑쯔카이를 떠올리게 했다.

5호F 캔버스 보드, 아크릴.

경복궁 경회루

그림으로 서울에 온 것이지만, 경복궁에 들러 경회루를 바라본다. 우리 서울 집에서 멀지 않다. 경회루는 경복궁의 백미이다. 일본은 한국 강점기에 경복궁에 조선총독부를 지었다. 그 뒤편에는 총독 관저를 두었다. 지금의 청와대이다. 그러면서 경복궁의 여러 전각을 훼손했다. 그러나 경회루는 잘 보존하고, 오히려 자주 사용했다. 사진과 기록을 통해 내가 놀란 것 중의 하나는 총독부의 지원으로 한국 선교에 나섰던 관제 선교부, 일본 조합교회 총회, 친목회를 경회루에서 여는 모습이었다. 해방 후 정부도 경회루를 자주 사용했다. 특히 군사정권은 더했다. 아마도 짐작하건대, 경회루에서 연회를 베풀면, 집권자들 스스로가 민주 정부의 책임자이기보다는 군주요 임군이 된 듯한 기분을 맛보았던 것도 같다. 그 시절 자주 사용하던 '통치 행위'라는 말이 언뜻 떠오른다. 그림으로 그리운 서울, 한국을 다녀간다. 친구들 잘 지내기를 바란다. 일단 나의 그림도 도쿄 집으로 다시 돌아간다. 친구들 모두 안녕히.

5F 캔버스 보드, 아크릴.

한가위 보름달

고국에도 달이 떠올랐을까. 땅은 달라도 한가위 달은 같은 달이겠
지. 오늘 그림을 쉬려다가 추석 전야, 달 기운에 붓을 들고 말았다.
내 좋아하는 이백의 시, 그 한 구절을 흥얼거린다.

擧盃邀明月 잔 들어 밝은 달 맞으니
對影成三人 그림자 더하여 세 사람이 되었네
月既不解飲 달은 원래 술 자실 줄 모르고
影徒隨我身 그림자는 그저 내 몸을 쫓을 뿐

같은 달, 같은 별, 같은 하늘을 바라보며 다른 땅, 남의 집에서 달과
어울려 논다. 고국 친구들, 한가위 즐거우시라.

5F 캔버스 보드, 아크릴.

그는 왜 석양에 홀로 날고 있을까

바다가 검게 가라앉기 직전 온통 붉고 노랗게 변한다. 해는 아직 수
평선 위에 있으나 머지않아 바다로 들어갈 것이다. 분명 새끼들이
기다리고 있는 어미 새임이 분명하다. 이 정경이 우리 눈에는 아름
다울지 모른다. 그러나 오늘 그림은 석양에 홀로 나는 어미 새의 마
음으로 그림을 그린다, 해가 바다에 다 잠기기 전에 새끼들 먹일 물
고기 한 마리라도 건져야 한다는. 새의 마음은 얼마나 초조하고 고
단할까. 세상은 어떤 시선으로 보느냐에 따라 천양지차가 분명하다.
그림을 담백하게 그리고 싶었지만, 그저 마음이 이끄는 대로 그렸
다. 색감은 붉은색, 노란색, 검은색뿐이다. 아름다운 석양의 바다도
좋지만, 또한 새의 비장한 날갯짓을 품은 바다를 바라보는 마음이
착잡한 것도 사실이다. 그러나 오늘은 그림을 그리면서 줄곧 후자를
생각하게 된다.

5F 캔버스 보드, 아크릴.

가을바람

바람을 그릴 작정이었으나 숲이 되었다. 가을볕을 그리고 싶었으나 나무가 되었다. 가을을 그리고 싶었으나 홍엽과 은행잎이 그려지고 말았다. 그리고 싶은 것은 결코 눈에 보이지 않는 것들이다. 눈에 보이는 것들만 그림이 되었다. 그러나 가슴으로 보면 그림 안에는 가을 숲과 나무와 단풍은 물론, 바람도 햇살도 우리 옆에 깊이 드리워 있는 가을도 모두 보인다. 내 기억에 내가 뚜렷이 가슴으로 보는 법을 배운 것은 소년 시절에 읽었던 생텍쥐페리, 『어린 왕자』에서임이 분명하다. 한국의 모교에 재직할 때, 학생들에게서 생애를 바꾼 책이 있느냐는 질문을 받은 적이 있다. 나는 대답했다. "내 가슴속에는 분노와 울분으로 부글거리던 소년 시절, 나는 우연히 『어린 왕자』를 읽었다. 그런데 이 책을 읽은 후 늘 땅만 내려다보고 살던 내가 아주 자주 하늘을 올려보게 되었다. 하늘을 볼 때는 꼭 별을 찾게 되었다. 특히 어린 왕자가 살았다는 소혹성 B612를 늘 찾게 되었다. 그러다가 종래에는 구름이 끼고 비가 내려 별이 보이지 않는 밤에도 별을 볼 수 있게 되었다. 가슴으로 하늘과 세상을 보는 법을 많이 생각했다. 절망의 끝에서도 꿈을 꿀 줄 알게 되었다. 눈물이 흐를 때 땅을 내려다보면 눈물이 땅으로 흘러 떨어지지만, 하늘을 올려보면 멋지게 그것을 삼킬 수 있다는 것을 알았다. 이 책 때문에 나는 바뀐 것이 아주 많았다. 이만하면 생애를 바꾸었다고 할 수 있지 않겠니?"

5F 캔버스 보드, 아크릴.

나는 그대를 다시 또 부르는가, 꽃

꽃을 꺾어 놓아두고 바라보는 존재는 사람뿐이리라. 내 생각에 모든 동물은 자신의 생명을 지키기 위해 또 다른 생명을 취한다. 그중에 사람은 식물을 채집하거나 길러내어 자신의 생명을 보한다. 혹은 다른 동물을 수렵하거나 또한 길들이고 길러 취한다. 여기까지는 추호의 이론도 필요 없는 이치에 가깝다. 그러나 사람은 오직 바라보고 향기를 맡기 위해, 기쁘기 위해, 마음을 실어 더불어 나누기 위해 대지의 꽃을 부르고, 때로 꺾으며, 혹은 가꾼다. 어느 다른 동물도 하지 않는 사람만의 길이다. 물론 다른 동물들도 땅에 뿌리 내려 핀 꽃들과 노닐고, 거기에 함께 거하기는 해도 꽃을 일부러 꺾어 품거나 기를 목적으로 취하지는, 아닐 것이다. 꽃을 그리다가 문득 나 혼자 말을 만든다. '호머 릴리움'(Homo Lilium), 'lilium', 라틴어로 흰 꽃이란 의미로 구체적으로는 백합의 어원이다. '호머 릴리움'이란 꽃을 즐기고 기르는 존재가 사람이라는 나 혼자만의 말이다. 자주 꽃을 그림으로 그린다. 대지의 꽃도 그리지만, 꺾은 꽃을 꽂은 화병도 많이 그린다. 그런데 오늘은 그림을 다 그리고 나서 그림의 이름을 부르려 하자, 뜬금없이 소월의 시 〈초혼〉의 한 시구가 가슴에 차올라 먹먹해진다.

심중에 남아 있는 말 한마디는 끝끝내 마저 하지 못하였구나

5호F 캔버스 보드, 아크릴.

첫눈

아직 첫눈 소식은 없다. 머지않아 홋카이도나 동북 지방에서 소식이 있을 것이다. 대개 첫눈은 가을에 내린다. 아직 가을이 남아 있는 그 어디에 겨울이 내리는 것이다. 가을은 미처 몸을 감추거나 피하지 못한 채 겨울을 맞는다. 애처로운 가을이지만, 지극히 아름답다. 나는 경계선을 좋아한다. 국경도 그렇고 문화도 그렇고 심지어 계절과 하루도 그렇다. 국경의 밤이 무척 외롭지만 처연한 운치가 있다. 경계선 위의 주변적 문화가 깊은 맛을 낸다. 그리고 늦가을이나 혹은 초겨울 또한 하루를 보내고 또 맞는 자정 무렵, 내가 참 좋아하는 시공간이다. 가을 숲의 끝자락에 첫눈이 제법 내린 풍경이다. 낙엽도 단풍도 그 마지막의 무리는 나무 끝에 달리거나 이제 막 떨어져 뒹구는 즈음이다. 그러나 조급한 마음의 초겨울, 첫눈이 첫눈의 부끄러움도 없이 울컥 느닷없이 내려앉았다. 이런 숲의 혼란, 난무와 당혹과 예기치 않은 상면을 나는 싱싱한 마음으로 바라본다. 지난가을 사색의 본거지였던 가을 숲의 벤치에는 모든 상념을 덮어버릴 만큼 눈이 쌓였다. 마음의 쉼을 바란다. 요즘 나에게 그런 시간은 그림을 그리는 때이다.

5F 캔버스 보드, 아크릴.

초가집 마당

요즘은 아마 이런 집은 드물 것이다, 민속촌이나 누군가의 생가를
보존하는 기념관 아니면. 그러나 마음에는 이런 집이 늘 있다. 마당
에 놓인 평상에서 몇몇 다정한 친구와 김치전과 풋고추 된장에 토속
막걸리라도 한잔하면 좋을 듯하다. 이런 집은 전통 한옥의 예술적
무드나 옛 기억의 노스탤지어와는 또 다른 멋이다. 아무렇지도 않은
갖출 것도, 격식도 없는 편안한 마음의 바탕 자리 같은 것일 것이다.
여전히 해야 할 일은 많은데, 마음이 너무 서두는 듯하여 마음을 넓
혀 그림을 그렸다.

5F 캔버스 보드, 아크릴.

한옥 대문 앞에서

문을 생각한다. 드나드는 문이다. 한 걸음 세상을 향해 나서는 문이나 지친 몸으로 들어서는 문도 문은 정답고 정겹다. 문득 고국의 한옥, 더욱 향수 가득한 문을 그렸다. 기억에 있는 문으로 최근에 누군가의 사진으로도 본 풍경인 것 같다. 며칠 바빠서 그림을 쉬어 손의 감각이 둔해진 듯도 하다. 아무튼 휘리릭 그리다.

5F 캔버스 보드, 아크릴.

별 헤는 밤

도쿄 앞바다 태평양 연안을 태풍이 스쳐 지나가고 있다. 폭풍우 속에서 그림을 그린다. 오늘 밤, 별을 보리라는 꿈을 꾸며 가슴 가득 들어있는 시, 동주 형의 〈별 헤는 밤〉을 외우며 그림을 그린다. 태풍이 지나가면 오늘 밤에는.

계절이 지나가는 하늘에는 / 가을로 가득 차 있습니다.

나는 아무 걱정도 없이 / 가을 속의 별들을 다 헤일 듯합니다. //

가슴 속에 하나 둘 새겨지는 별을/ 이제 다 못 헤는 것은 / 쉬이 아침이 오는 까닭이요, / 내일 밤이 남은 까닭이요, / 아직 나의 청춘이 다하지 않은 까닭입니다.

별 하나에 추억과 / 별 하나에 사랑과 / 별 하나에 쓸쓸함과 / 별 하나에 동경과 / 별 하나에 시와 / 별 하나에 어머니, 어머니

어머님, 나는 별 하나에 아름다운 말 한마디씩 불러봅니다. 소학교 때 책상을 같이 했던 아이들의 이름과, 패(佩), 경(鏡), 옥(玉), 이런 이국(異國) 소녀들의 이름과, 벌써 아기 어머니 된 계집애들의 이름과, 가난한 이웃 사람들과, 비둘기, 강아지, 토끼, 노새, 노루, '프랑시스 잠', '라이너 마리아 릴케' 이런 시인의 이름을 불러 봅니다.

이네들은 너무나 멀리 있습니다. / 별이 아스라이 멀 듯이. … 무덤 위에 파란 잔디가 피어나듯이 / 내 이름자 묻힌 언덕 우에도 / 자랑처럼 풀이 무성할 거외다

(윤동주, 〈별 헤는 밤〉)

5F 캔버스 보드, 아크릴.

겨울바람, 겨울나무

나는 늦은 봄, 여름의 초입에 태어났다. 세상은 환하고 하늘은 빛나며 대지는 아름다운 빛깔의 시기이다. 얼마나 신나고 싱그러운 계절인지 모른다. 그러나 기억이 돋고, 스스로를 깨달은 어느 때인가부터 내가 세상에 움튼 찬란한 계절로부터 깊은 우울이 시작되곤 했다. 여름을 건너 가을에 그 존재의 우울은 극에 이르고, 마침내 삼라만상이 숨을 죽인 매서운 동장군이 다가들면, 내 마음이 역으로 스르르 녹아내리는 기분에 살았다. 어린 시절부터 어떤 방법을 써서라도 겨울바람, 겨울 하늘에 나서서 휘돌아 친 적이 다른 계절에 비해 더 많았던 기억이 가득하다. 오히려 나는 가을에 깊은 우울로 내 방 안 영토에 침잠하여 두문불출했다. 그러나 겨울이 오면 겨울바람에 들뜨고, 그야말로 내 스스로가 바람이 되는 기분을 느끼곤 했다. 겨울은 모든 걸 감추었으나 가라앉은 침묵에서 솟는 활기와 움틈과 새로남과 희망과 무언가 그런 것들이 도리어 나에게는 화려하게 보였다. 역시 그런 겨울의 주역은 겨울바람이며 눈이며 겨울나무이다. 이제는 나이가 들면서 겨울 대지에 선뜻 나서서 휘돌아 칠 자신은 많이 떨어졌다. 그러나 여전히 겨울바람은 나를 바람 들게 하고, 이제는 다 끝나고, 다 내려앉고, 다 사라진 것들을 아예 새롭게 일으키는 신비로움이 내 가슴에 시리도록 되돌아 서린다. 지구환경이 균형을 많이 잃어 겨울이 겨울답지 않다. 겨울바람도 예전과는 다르다. 그래도 겨울에 대한 내 마음은 다름이 없다. 수묵화를 그리고 싶었다. 캔버스보다는 화선지를 펴고, 물감을 팔레트에 짜놓기보다는 사실 벼루에 먹을 갈고 싶었다. 그러나 있는 도구 그대로 다만 그런 마음으로 그렸다. 흰 캔버스를 화선지로 여기고, 흰 젯소 조금과 검은 물감 몇 방울로 겨울바람을 맞았다. 겨울다운 겨울을 다시 기대하며….

5호F 캔버스 보드, 아크릴.

꿈속의 불국사

꿈을 꾸었다. 왠지 내가 경주에 가 있다. 몇 군데를 다닌 기억이지만, 잔상으로 또렷이 남은 곳은 불국사이다. 흐린 실루엣 같은 흑백의 불국사가 눈에 들어오고 주위는 온통 단풍, 가을이다. 흑백의 불국사와 주변의 홍엽, 남아 있는 초록이 겹쳐 그야말로 몽환적인 느낌의 꿈이다. 갑자기 불국사에, 가을 깊은 불국사에 왜 갔을까. 마음속에 집히는 것이 있다. 어제 나는 벗을 만나 한참을 이야기했다, 인격적 신과 원리적 신에 대해. 그리스도교의 신과 불교의 그것에 대해 우연한 맥락에서 화제가 되어 긴 시간 서로 생각을 나누었다. 그래서였을까. 그 연유로 꿈속에서 불국사를 내쳐 달려갔던가, 아무튼 모를 일이다. 그런데 사실 내가 좋아하는 한국의 사찰은 나름 화려한 느낌의 불국사는 상위 순위가 아니다. 나는 왠지 더욱 안온하고 소박하며 되도록 고요한 절을 좋아한다. 오히려 너무 멋지고 튀듯 드러나며 곱디고운 불국사는 크게 마음이 끌리지 않았다. 그래서 꿈에서 불국사에는 갔지만, 내 무의식에서 타협한 모양이다. 현란한 불국사 건물은 흑백 실루엣으로 가라앉히고, 경내의 가을 나무만 붉게 빛을 발하는 식으로 말이다. 오늘 그림 불국사는 진경 풍광은 물론 아니고, 그렇다고 기억이나 추억, 혹은 내 손에 남아 있는 사진을 참고하지도 않았다. 그대로 지난밤 꿈이요 내 무의식 꿈속 장면의 표현일 뿐이다.

5호F 캔버스 보드, 아크릴.

마음을 다시 흰 꽃으로

깊은 심연의 아픔에서 다시 일어서는 일은 흰 꽃으로 다시 돌아서는 일이다. 밑바닥의 우울과 슬픔과 침묵을 이기기 위해 안간힘을 써보았다. '이태원'에서 떠난 이들에 대한 이런저런 말이 많다. 나는 한참의 침잠 끝에 지난 이틀, 그림을 연이어 그리면서 아득한 옛이야기만 잔뜩 늘어놓았다. 헛헛하고 황량한 마음의 흐름이었을 것이다. 그랬더니 더욱 쓸쓸하고 허무해졌다. 다시 일어나고, 다시 돌아오고, 다시 아프기 위해 조용히, 말없이 흰 꽃다발, 흰 꽃 화병을 그린다. 말 없는 침묵과 하얀 꽃이 그래도 제일 위안이 된다.

5호F 캔버스 보드, 아크릴.

그 옛 경인선 철도

나는 SL, 증기기관차의 로망이 있다. 내 기차 기억의 강한 첫 경험은 SL이 분명하다. 우선 그 소리이다. 스팀이 빠지는 소리, 기적을 울릴 때, 둔중한 철마가 레일을 밟는 소리가 모두 나를 현혹했다. 그다음은 역시 냄새이다. 매캐한 연기 냄새에서부터, 특히 객차에 배어있는 특유의 낡은 냄새 그리고 어김없이 열차 경험의 백미인 단무지만 들어 있는 막 말은 김밥, 그 독특한 단무지 냄새, 사이다와 찐 달걀, 그 냄새들은 아마 영원히 뇌리에서 지워지지 않을 냄새일 것이다. 그리고 플랫폼에 들어서는 SL의 검은 표범 같은 위용, 뜨거운 열기, 콧김을 내뱉으며 숨을 고르는 전장에서 막 돌아온 맹장과 같은 모습은 나를 압도하고도 남았다. 사실 나는 깊이 우울할 때, 증기기관차를 자주 그린다. 일본에 살며 학회, 답사 등, 혹은 젊은 날에는 개인적으로도 여행을 많이 한 편이다. 북쪽 지역을 여행할 때, 생생하게 살아 움직이는 SL을 볼 기회가 몇 차례 있었다. 철도박물관이 아니라 비록 관광 목적일지 몰라도 실제로 달리는 SL이다. 나이가 들어도 그를 만나고 가슴이 뛰고 설렌 것은 물론이다. 요즘 우울의 심연에 있다. SL을 그리고 싶어졌다. 그러나 화려하게 늘어선 색 물감 어디에도 손이 가지 않는다. 팔레트에 흰 젯소와 검은 물감, 초콜릿 색 물감만 조금 풀었다. 그래서 상상의 시대를 한반도 최초의 철도 경인선의 시대로 올라갔다. 어둡고 우울한 역사의 시대, 경인 간 어느 마을을 경인선 철로가 지난다. 흰옷 입은 사람들이 철로 변을 걷는다. 옛 경인선 SL은 깊게 검은 숨을 내뿜는다. 마음을 일으키려 그림을 그렸으나 마음은 더욱 가라앉는다.

5호F 캔버스 보드, 아크릴.

문밖에서

나는 여행을 하거나 낯선 거리에 나서면 주변의 건물을 볼 때, 제일 먼저 문을 바라본다. 그건 대문, 현관, 혹은 작은 출입구 상관이 없다. 심지어 창문까지 유심히 보는 습관이 있다. 담이나 벽은 사람이 자신과 남, 안과 밖, 내 것과 내 것이 아닌 것을 구분하는 영역 가름의 확고한 신념이라면, 문은 나와 남, 안과 밖, 나의 것과 남의 것을 잇고 소통하며 나누며 함께하는 영역 해체의 기제이다. 사실 요즘의 아파트나 공동주택은 집마다 대문, 현관, 창문의 개성이 사라져버려 그것이 무척 아쉽기도 하다. 역사가 깊은 건물의 문을 바라보는 기쁨은 크다. 그러나 낡고 얇고 초라하고 옹색한 세계의 집들의 문과 창, 오랜 세월에 바람 때와 손때가 묻은 기둥과 문과 창틀, 그 안팎에 놓아둔 화분 한 개, 마당에 심어 둔 꽃과 풀, 작은 창틀에 올려놓은 화병도 귀하다. 그림은 오래되고 낡은 어느 집의 뒷문일까, 옆의 쪽문이다. 깊은 가을마당의 담쟁이가 타고 올라 낮은 지붕에 닿았다. 푸른 색칠을 한 나무 문은 낡고 낡아 빛은 바래고 원래의 틀에서 어긋나있다. 저 문안에서 누군가 얼마나 사랑과 꿈을 꾸었으며 회한과 슬픔을 견디었을까. 저 문을 통해 집 주인과 가족들은 이웃과 마을과 밖의 세계와 오고 가며 얼마나, 어떻게 소통하였을까. 꽃과 나무, 바람과 별과 하늘과 같은 자연 다음으로 내가 그린 사람의 것 중에는 문이나 창문이 차지하는 횟수가 무척 많았다. 나에게 의미 있는 것은 벽보다는 문이다.

5F 캔버스 보드, 아크릴.

창밖의 늦가을

가을이 짙다. 아니 이른 겨울이 왔다. 창 안에서 창밖으로 가는 가을과 오는 겨울을 바라보는 설정이다. 같은 계절, 같은 풍광도 마음에 따라 달리 불린다. 늦가을로 부를까, 초겨울로 부를까 하는 것과 같은 것이다. 더하여 창 안에서 창밖을 물끄러미 바라볼까, 밖으로 나서서 풍경의 한 부분이 되어 같이 설까, 역시 전혀 다른 느낌이 된다. 오늘 그림은 초겨울이 아니고 늦가을이다. 오늘의 시좌(視座)는 창 안에서 창밖을 향한다. 오늘 나는 풍경에서 벗어나 그것을 바라보는 국외자이다. 바람도 냄새도 창밖으로 두고 찬찬히 창 안에서 계절의 풍광을 바라보는 것이다. 다만 마음은 초겨울이 아니라 늦가을이다. 그림을 그리며 사물과 나, 계절과 나를 이렇게 저렇게 만난다. 오랜만에 아주 한가한 하루, 아침 일찍 일어나 오전에 그림을 그렸다. 마음은 가라앉고 사위는 고요하다.

5F 캔버스 보드, 아크릴.

겨울 도시 고독

바람이 분다. 어스름 황혼의 도시이다. 사람들이 코트 깃을 올리고, 거리로 쏟아져 나온다. 어제까지 눈이 많이 내렸지만, 지금은 녹아 잔설만 남았다. 상상하여 설정한 도시 풍경이다. 네온, 가로등, 빌딩 상점가의 쇼윈도 모두 화려한 불빛이다. 불빛이 곱고 따뜻하다. 보기에 따라서는 어둠을 물고 오는 황혼도, 거리를 오가는 사람들의 마음도 따뜻하고 온화하다. 그러나 따뜻한 불빛이 오히려 차갑게 느껴지고, 그 많은 사람 속에서 왜 고독을 느끼는지는 참 모를 일이다. 화려한 고독, 따뜻한 고독, 군중 속의 고독 같은 것이다. 내 마음이 겨울 도시를 그렇게 느끼는 것이다. 오랜만에 그림을 그린다. 자기 엄마와 함께 며칠 도쿄 집에 와있던 큰 손자가 제집이 있는 규슈 후쿠오카로 돌아갔다. 도쿄 집은 다시 수도원이나 절간처럼 변했다. 이번 겨울은 이런 느낌이 그대로 흐를 것이다.

5F 캔버스 보드, 아크릴.

겨울꽃, 겨울새

함박눈 속에 핀 꽃, 외로이 날개를 접은 새, 잿빛 하늘에 분홍 꽃잎,
맑고 시리고 곱고 외로운 계절이며 그런 마음이 보인다. 이런 그림
이 도대체 무언지 스스로도 잘 모르겠다. 캔버스 위에 아크릴 물감
으로 결국 동양화를 그리고 있는 셈이다. 내일 학회 발표 준비도 접
어두고 그림만 그리고 있다.

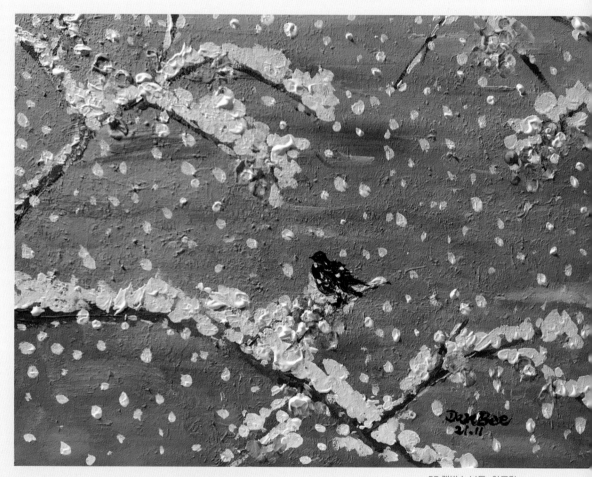

5F 캔버스 보드, 아크릴.

청산에 살어리랏다

살어리 살어리랏다 청산(靑山)애 살어리랏다
멀위랑 다래랑 먹고 청산(靑山)애 살어리랏다
얄리얄리 얄랑셩 얄라리 얄라
우러라 우러라 새여 자고 니러 우러라 새여
널라와 시름 한 나도 자고 니러 우니로라
얄리얄리 얄라셩 얄라리 얄라
가던 새 가던 새 본다 믈 아래 가던 새 본다
잉무든 장글란 가지고 믈 아래 가던 새 본다
얄리얄리 얄라셩 얄라리 얄라 …

청산별곡을 외운다는 것은 조금 지친다는 의미이다. 바빠진 나날들
이, 밀물처럼 다가오는 나날들이 기쁘며 버겁다. 쉼으로 휘리릭 그
림 그리다, 붓 한 자루로 서양화를 동양화처럼.

5F 캔버스 보드, 아크릴.

문과 창

올해 마지막 그림의 주제는 문과 창이다. 연이어 2년을 우리는 어두운 터널을 살았다. 도대체 이 역병의 시대, 코비드 팬데믹의 시절은 무엇인가. 인류 다수가 병에 걸리고 앓고 죽어가는 일임이 분명하다. 처연한 위기요 고난의 시대였다. 그런데 우리가 겪는 이 위기는 병과 죽음의 문제만은 아니었다. 서로가 오고 가고 상호 소통하는 열림, 통함, 교류, 교섭의 위기가 더 심각하다. 단절을 경험하고 넘어설 수 없는 벽에 갇힌 고통이 더욱 컸을지 모른다. 부디 새해엔 소외와 결박과 고독의 벽을 넘어서야 할 것이다. 희망은 문과 창에 걸어두어야 한다. 벽을 뚫고 넘어서는 가장 상징적 초상은 문과 창이다. 이제 새해에는 우리 모두 창가에 서자. 그리고 문밖으로 나서자. 거기에 꽃은 만발해 있을 것이다. 친구들에게 새해의 화두로 문과 창을 보낸다.

5F 캔버스 보드, 아크릴.

세 친구, 달과 나와 내 그림자
─ 이백(李白)의 시 한 편

외국 생활을 시작하면서 좋아하기 시작한 이백의 시이다. 계절과 관계없이 늘 되뇐다. 혹독한 겨울 한기에 오히려 봄날을 꿈꾸며, 봄날을 노래한 이백의 시를 마음에 품고 그림으로 그린다. 고국을 떠나 살며 가끔 이 시 한 편 외우면, 가슴이 쏴하다. 그래도 옛 시인의 풍류에 전율되어 잠시 외로움이 가신다. 눈이 쌓인 밤, 이백과 함께 벗들을 그린다. 이 시를 읊기에는 현란한 봄날이 사실 더 정겹다. 하지만 꽁꽁 언 겨울 한 자락에서 봄날의 꽃바람을 꿈꾸는 것, 또한 남다른 시정(詩情)이리라. 벗들이 그리워 문득 이백의 시, 늘 그렇듯이 풍류와 관조, 때로는 비루한 세상을 오히려 팽하는 그의 시심(詩心)을 떠올린다.

花下一壺酒 / 獨酌無相親 꽃 그늘 아래 술 한잔 놓고, 벗도 없이 홀로 취하네.
擧盃邀明月 / 對影成三人 잔 들어 밝은 달 맞으니, 그림자 더하여 세 사람이 되었네.
月旣不解飮 / 影徒隨我身 달은 원래 술 자실 줄 모르고, 그림자는 그저 내 몸을 쫓을 뿐
暫伴月將影 / 行樂須及春 잠깐은 달과 내 그림자 벗하여, 봄날 깊은 때 맘껏 흥일세
我歌月排徊 / 我舞影凌亂 내 노래 한 수하면 달이 어우르고, 내 춤을 추면 그림자가 함께 노닐어
醒時同交歡 / 醉後各分散 깨어 있을 때 서로 흥겹지만, 취한 뒤에는 나뉘어 흩어지네.
影結無情遊 / 相期邈雲漢 어지러운 세상 다 버리고 맑은 정 오래 맺고자, 저 하늘 구름 위에서 거듭 만날 날을 기약하네(한글 역 필자).

5F 캔버스 보드, 아크릴.

매화를 기다리며

이 역병의 터널 끝에 봄은 오는가? 서러운 시대의 저 너머에도 과연 봄은 오는가? 마치 연기가 자욱한 감염병이 도는 마을에 불을 질러 놓고 있는 기분이다. 그만큼 오늘도 기분은 폐허 같다. 햇살 좋은 시간, 동네 산책을 나갔다. 돌아와 늦은 점심 후, 천천히 그림을 그렸다. 그야말로 머릿속에 있는 어느 이른 봄날의 한국이다. 명가 한옥의 울안에 매화가 한창이다. 빗살 같은 문 창살을 배경으로 두 그루의 매화나무 가지가 어우러졌다, 누가 더 봄을 목청 높여 부르는지를 겨루듯이. 매화꽃을 따라 봄이 오리니 봄 햇살에 희망을 걸어본다.

5F 캔버스 보드, 아크릴.

한옥 마루 매화 화병

봄과 햇살 그리고 전쟁과 팬데믹, 혼미한 선거 모두 서로 도무지 어울리지 않는 명제들이다. 오늘은 사실 그림을 그리지 않고 독서 삼매경에 빠지는 주말이고 싶었다. 아침에 몇 줄 책을 읽다가 이내 덮었다. 마음이 산란해졌다. 역시 이젤을 끌어당겼다. 어제 그림이 한옥 뜰이었다. 거기서 앞뜰 대청마루로 나왔다. 마루 위에 질그릇 화병이 놓이고, 뜨락 매화나무에서 갓 멍울을 터트린 매화 가지를 꺾어다 꽂아 놓았다. 모두가 고국의 봄을 그리워하는 나의 상상이다. 그리고 험하고 거친 세상 중에 마음을 가지런히 하고자 하는 노력이다.

5F 캔버스 보드, 아크릴.

꽃 그리기 연습은 계속

신, 혹은 창조의 섭리나 우주 생성의 원리는 어렵다. 한때 나는 꽃이 피어나고, 꽃이 활짝 자태를 드러낸 것을 보면, 꽃이야말로, 신의 취미요, 기호요, 혹은 망중한이라고 생각한 적이 있다. 세상의 여러 것들이, 많고 많은 존재의 이유가 있거늘, 꽃은 그저 피고, 그저 지며, 맘껏 자태를 뽐내면 되는 것이 아닌가 한 적도 있다. 두말할 것도 없이, 세상의 이것 저것들 중에, 꽃들만큼 아름답고 향기로운 생명이 더 있으랴. 오죽하면, 천국은 늘 꽃으로 가득 치장된 곳으로 묘사되는 것이 아닐까. 창공과 무지개, 빛나는 오로라, 타오르는 노을, 그밖에도 삼라만상 중에는 아름다운 것들이 늘 있고, 사람의 생각과 마음이 묻은 것이지만, 심지어 사람이 꽃보다 더 아름답다는 생각도 전적으로 다르지는 않다. 그러나 그 존재의 자태 전체가 빛나고, 아름다움이 대부분으로 점철되는 꽃이야말로, 신과 창조의 백미이고, 고움의 실현 자체를 위해 태어난 것을 간단히 부정하기는 어렵다. 그래서 참 모자라던 젊은 날의 내 생각은, 꽃을 신의 고상한 놀이로 생각한 것인지도 모른다. 그러나 세상을 살아갈수록, 꽃이 피고지는 앞뒤를 보아오면 보아 올수록, 그때의 내 생각은 어리석었다. 꽃이 피고지기까지의, 고통과 눈물과 아픔과, 회한과 허무와 생명의 결기를 보지 못한 미욱함이었다. 꽃은 그저 피는 것도 아니고, 신의 기호품도 결코 아니다. 오히려 잔혹한 생명 결단이고, 현상인 것을 알아가고 있다. 그리고 그림은 여전히 여러가지 목표가 있지만, 아름다움과 생명과 그 생명 속내의 고통까지를 표현하기를 추구하는 것이라고 감히 믿는다. 그런 이유라면, 수많은 역사와 현재의 화가들이 왜 꽃을 그려왔는지 이유를 알 수 있다. 나 역시, 어설픈 솜씨의 그림을 그리기 시작한 이래, 단일 항목으로, 어쩌면 꽃을 제일 많이 그렸다. 나무와 꽃을 합하면 단연 앞서는 소재일 것이다. 내 그림 중에, 꽃 그림 연습은 계속된다. 오늘 그린 꽃 그림은 모양이나 색깔보다는 빛에 더 주목한 그림이기 바란다.

14*11인치 캔버스보드, 아크릴.

일몰

새해 일출은 그렸으나 이제 일몰을 그린다. 몇 해 전부터 나는 주장했다. 하루의 끝엔 희망이나 창조를 말하고, 하루의 시작엔 오히려 종말이나 절망의 끝에 서보자고. 한 해가 저물 때 연서를 쓰고, 한 해가 새로 떠오를 때 유서를 쓰자는 말도 했다. 내 나름의 역설적 삶이다. 나는 오히려 일몰을 바라볼 때, 희망을 생각한다. 그리고 일출에서 묘한 슬픔과 절망을 경험한 적이 많다. 특별한 천지개벽이 없는 한, 오늘도 저 석양에 지는 해는 분명 내일 아침 다시 떠오르리라. 쉴 곳을 찾아 날아 서두르는 새들도 역시 아침을 기약하는 이치이다. 올 새해는 여전히 어두운 터널의 어디쯤 우리 모두 서 있다. 새해 벽두 늘 마음에 그리며 존경하던 나의 스승님의 부음도 있었다. 나는 특별히 공개하지 않았지만, 이미 써 둔 유언장도 다시 수정했다. 내가 나에게 기약했듯이, 이미 한국어 에세이집에도 밝혔듯이 수년 전부터 나는 매해 신년 벽두에 유언장을 교정하는 일로 새해를 시작하고 있다. 오늘 그림의 주제 색은 비교적 어두운 파랑이다. 파랑은 희망이며 희원이고 때로 비장한 언약이다. 그리고 간혹 차갑고 냉정하다. 더구나 오늘 그림의 파랑은 어둠과 함께 오는 가라앉은 침울도 수반했다. 해와 작별하는 푸른 침잠이다. 깃을 검게 감춘 한 쌍의 새는 어두운 푸른 하늘을 훠이훠이 난다. 그러나 이 그림에 나름 비장한 희망을 가득 실었다. 그렇게 함께 느끼기를 권한다.

5F 캔버스 보드, 아크릴.

에필로그

에필로그

1. 베짱이를 위한 변명 — 어떻게 살 것인가

혹독한 추위가 지속된다.

비교적 눈도 많이 내린 겨울이다.

지금쯤 베짱이는 어떻게 지낼까.

등 따습고 배부른 개미네 집을 전전하며 구걸을 하고 있을까?

맘씨 좋은 개미는 베짱이에게 떡국이라도 한 그릇 대접했으려나.

공연히 걱정이 많다.

나는 늘 이 개미와 베짱이의 우화에 일정한 불만이 있다.

사사롭게는 한 면으로 보면, 내가 평생 베짱이처럼 살아 온 것 같아서이기도 하다.

더구나 요즘은 앞으로 더욱 베짱이처럼 살겠다고, 가까운 이들에게 선언해 놓고 있기 때문에 더하다.

사실 내 건강을 체크한 의사도 결국에는 더욱 베짱이처럼 살아야 한다는 처방이요, 충고를 했는지 모른다.

어릴 적부터 병약한 나는 베짱이처럼 살 수밖에 없었다.

다른 형제들은 어머니 아버지 심부름도 하고, 심지어 나의 시중도 들어 주었다.

누이들은 나를 업어주어야 했고, 어린 아우도 내 가방을 들고 필요한 것을 가져다주며 형을 챙겨야만 했다.

나는 무조건 잘 먹어주어야 했고, 잘 놀아야 했다.

그건 지금 처나 딸들, 사위들, 가족들도 마찬가지이다.

물론 공부하는 일, 혼신을 다해 재활 치료하는 일, 심지어 아픈 것을 참아내는 일이 다 개미 같은 일이라고도 할 수 있다.

그러나 적어도 외형적으로 볼 때 나는 베짱이와 같았다.

더불어 나는 스스로의 정신적, 육체적 고통을 이기기 위해서 공부도 치료도 심지어 진짜로 노는 일도 정말 놀이로만 생각하며 했다.

교과서를 외울 때가, 쓸데없이 어린이 백과사전을 다 외울 때가 가장 기쁜 놀이로 여기고 그렇게 맘먹고 했다.

사실 솔직히 말하면, 잘하든 못하든 나에게 공부가 일이 된 것은 물론 때로 학창 시절에

도 시험공부가 싫긴 했지만, 그것이 정말 일이 된 것은 전문적으로 공부하여 먹고 살게 된 이후였다.

정말 일이 되고 나니 책 읽기도, 논문 쓰기도 모두 과제가 되고 스트레스가 되는 것을 처음으로 느꼈다.

나의 개인적 경험에서만이 아니라, 나는 언젠가부터 대놓고 베짱이를 높여 말한다.

나름 인문학을 논할 때, 인간에게 가장 가치가 팽만한 인문학은 백수의 삶, 놀이의 삶, 게으름의 삶에서 더욱 유효하게 잉태한다고 주장하였다.

진정한 인문학, 인문학자는 과제에 몰두해서는 안 되고, 성취와 목표를 추종해서도 안 된다.

생각도 너무 한 가지 항목에 집중해서는 안 된다고 했다.

생각이 꼬리를 물고 이어질 때는 이 생각에서 저 생각으로 생각의 흐름대로 내버려 두어야 한다.

책을 읽다가도 심지어 책장을 넘기기가 귀찮아질 때가 있을 것이다.

그러면 그대로 읽은 페이지와 읽은 행간을 거듭거듭 읽어도 상관없다고 말했다.

요즘 나는 그림도 그렇게 그리기를 원한다.

이제는 열심을 내던 연습도 없다.

그리다가 지우고 싶으면 지워도 되고, 멈추고 싶으면 멈추면 된다.

노래를 부르다가 그만둬도 되고, 더구나 2절, 3절을 부를 이유도 없다. 더구나 한 노래만 부를 필요도 물론 없다.

이 노래 한 소절에 저 노래 다음 소절을 붙여도 어떤가.

여행을 떠나도 대개는 계획이 있었다.

첫 도착지에서 돌아오는 지점과 시간까지 계획표를 만드는 것이 보통이다.

요즘 내가 꿈꾸는 여행은 그렇지 않다.

최소한의 행선지만 정해진다면, 정말로 김삿갓처럼 발길 닿는 대로 해보는 것이 꿈이다.

베짱이가 없었으면, 인간의 문화는 없었다.

예술도 움트지 못했다.

그는 그 나름, 노래를 부르고, 춤을 만들고, 놀이를 짜내기 위해 애를 많이 썼을 것이다.

베짱이는 나쁘고, 개미는 좋고 훌륭한 이분법이 어릴 적부터 내게는 큰 불만이고 아픔이었다.

이 겨울 베짱이들이 착한 개미들에게 밥 한술이라도 잘 얻어먹기를 진심으로 바란다.

더욱 베짱이처럼 살아야 하고, 살기로 결심하는 나를 위해 베짱이를 위한 변명을 그림으로 그렸다.

2. 산길, 눈길, 오랜 친구들과 나 — 내 그림의 주제를 위해

지난 연말 어느 날이다.

수십 년 세월 같은 분야를 공부하며 우정을 나누는 친구들과 하룻밤을 함께 유했다.

충청 내륙의 얕은 산간에 있는 어느 산장을 잡았는데, 폭설이 내렸다.

자동차는 더 이상 진입이 불가한 막다른 고개에서 우리는 합력하여 이동할 수밖에 없었다. 동지들은 바퀴 의자에 앉은 나를 뒤에서 밀고 앞에서 끌며 눈 쏟아지는 '골고다'를 올랐다.

그날의 우정, 그 장면과 기억은 남은 평생을 갈 듯하다.

내가 그림을 그리기 시작한 이래 내 화폭, 화면에는 사람의 등장이 드물다.

스스로의 자화상은 물론 다른 이의 모습도 별로 그리지 않았다.

누구보다 사람과 더불어 살며 가족과 친구들 사랑의 힘으로 사는 나에게 의외의 일이다.

그러나 나는 사람으로 인한 상처와 고통이 지독하게 큰 삶을 살았다.

소중하고 귀한 사람들과 별리의 상흔, 그 밖에도 배신, 차별, 모멸을 주는 사람들로 인한 고통의 인고로 중첩된 삶이었다.

그러나 또한 그 모든 상처를 다시 견디고 끝끝내 다스릴 수 있게 한 것도 역시 사람에 의함이었다.

누구라도 그럴지 모르지만, 도대체 풀리지 않는 아이러니, 사람에 의한 지독한 부침과 사람에 의한 기쁨과 행복을 겪는, 그렇듯 사람으로 인하여 살아왔다.

그래서인지 왠지 그림에는 사람을 쉽게 그리고 싶지 않았다.

혹 그려도 특정할 수 없는 인물의 뒷모습이나 딸들의 어릴 적 추억, 천사 같은 손주들 모습 정도를 조금 그렸을 뿐이다.

스스로의 자화상을 몇 차례 시도했으나, 그 또한 결국 모두 지워 버렸다.

그리고 사람을 그려도 얼굴과 표정과 그 감정보다는 희미한 모습이나 동작을 표현하는 정도를 지향했다.

결국 내 그림은 산, 바다, 바람, 강, 들, 하늘, 별, 달, 나무, 꽃, 길, 집, 거리, 창이나 문, 의자, 배, 기차 등등이 주된 대상이었다.

그러한 그림에서 사람은 그 안에서 가끔 구색처럼 모습을 비추거나 아니면 대부분 그것을 바라보는 주체일 뿐이다.

그러나 요즘 조금씩 다른 생각을 한다.

'천지인'(天地人) 중에 내가 아무리 의식적이든 무의식이든 천(天)과 지(地)만 그리고, 그것을 그림의 대상으로 생각해도 역시 주체 중 한 가지는 빠진 것이다.

새해엔 가끔이라도 사람을 그리도록 해야겠다.

역시 아직은 얼굴과 표정과 섬세한 동작을 표현하기보다는 모습과 태도만이라도 사람에 다가서는 그림 그리기를 주저하지 말아야겠다.

지난해 잊을 수 없는 우정의 장면을 한 번 그림으로 표현하여 남긴다.

동지들과 잊지 못할 순간이다.

이 그림의 주인공들을 밝힌다.

바퀴 의자에 앉아 열심히 휠을 가동하는 내 앞뒤에서 나를 밀고 끄는 이들은 북여 최기영, 남천 류대영, 구산 이진구 그리고 막내 유천 송현강이다.

그리고 이 장면을 포착하여 화상과 영상으로 남긴 이가 우리 중 제일 원로, 월파(月波) 김흥수이다.

첫 독자로서 감회

김영호(도서출판 동연 대표)

늦게 배운 도둑질에 날 새는 줄 모른다던가.

필자가 1학년 입학 때 저자는 4학년이어서 동문수학했을 만남에, 동시대에 출판계에 있었고, 또 출판인 누구나 소위 '눈독 들일 필자'임에도 우리 만남은 2022년으로 미루어져 있었다. 무슨 사연이었을까?

아무튼 그 2022년에 두 사람은 숱한 만남과 교류를 가졌고, 지금도 이어 오고 있다.

이 책도 그런 만남 속에서 기획되었다. 문(文)-화(畵)를 겸비한 돋보이는 콘텐츠를 가만 두고 지나칠 출판인이 누구 있으랴.

필자의 제안에 저자는 단서 조항을 몇 개 달았다.

그 중 하나가 이 글, 기획-편집-발행인이자 첫 독자로서 이 글을 쓰라는 것이었다.

'뭐 그까짓 것….' 그러나 결코 그렇지는 않았다. 오만가지 생각으로 세계를 넘나들며 우주를 떠도는(?) 여행에 지쳐가고 있었다.

저자의 생각은 그 넓이와 깊이가 가히 상상불허이다. 게다가 그 생각의 방향조차 어디서 어디로 갈지 종잡을 수 없는 정도다. 그런데 그의 전공이 역사학이다. 우리가 알고 있는 그 역사학이 저자의 전공이 맞다는 말인가 하는 생각을 가까운 지인이라면 누구나 했음 직하다.

'이런 사람은 원래 예술을 했어야 한다'는 생각도 있지만 인문학자의 소양이 바로 이런 것 아닐까하는 생각도 든다. 아무튼 그래서일까, 코로나 팬데믹 기간에 저자는 오래전부터 꿈꾸던 그림을 그리게 되었다.

하다하다…가 아닌 오래전부터 점지된 일이었음을 어릴 적 기억으로부터 끌어와 필자에게 설명한 적이 있다. 그림을 그리고 싶다는 저자에게 이생의 절대적 후견인인 어머님은 그런 걸로는 결코 밥 먹고 살기 힘드니 "바꾸라"는 지엄한 명령을 하셨단다.

이제 '트렌디'라 쓰고 '단소경박'이라 읽는 이 책에 대한 소회를 정리한다.

"그림을 짓다"는 글이 앞서기도, 때로 그림이 앞서기도 하며 마음에 담긴 이야기를 다양한 형태로 지은 그림-글이다. 그 사유의 여정에 동행하여 깊이를 가늠할 몫은 독자에게 있다.